哥白尼

遠超時代的思想家

當革命性的天體運行論
遇上文藝復興時期的
思想風暴

Nicolaus Copernicus

科學、哲學與人文精神的交融
不僅是一部科學傳記，
更是一場跨時空的思想之旅

陳劭芝，余海文 編著

文藝復興時期天文學巨人
尼古拉·哥白尼生平與成就的傳記

一位偉大學者以非凡智慧和不懈努力，推動了科學史上的一場革命

目錄

◇ 人物生平

◇ 自信的少年

細心的觀察者 ……………………………………… 012

渴望知識的少年 …………………………………… 016

隨家人旅遊的日子 ………………………………… 022

早期學習的歷程 …………………………………… 025

對父親早逝的深悼 ………………………………… 031

人生道路的選擇 …………………………………… 035

◇ 求學的旅程

天文學的啟蒙 ……………………………………… 042

革命思維的滋養 …………………………………… 047

赴克拉科夫深造 …………………………………… 051

確立畢生志向 ……………………………………… 054

導師帶來的影響 …………………………………… 060

大量閱讀古典作品 ………………………………… 068

目錄

提出驚世觀點 ……………………………… 073

轉學法律報國 ……………………………… 082

義大利的學術之旅 ………………………… 090

對希臘古文的熱愛 ………………………… 095

對行星畢宿五的觀測 ……………………… 099

赴帕多瓦學醫 ……………………………… 106

開出古怪藥方 ……………………………… 112

古典天文學的研究 ………………………… 116

法學博士的榮耀 …………………………… 125

✧ 天文學大師

學成歸來擔重任 …………………………… 134

神醫的救濟傳奇 …………………………… 139

解決糾紛的智慧 …………………………… 142

舅舅瓦茲羅德的逝世 ……………………… 146

星際重合的觀測 …………………………… 151

建立天體運動假設 ………………………… 158

任教會行政職務 …………………………… 164

展現軍事指揮才華 ………………………… 171

✧ 晚年的成就

學說受挫的日子 ……………………………………… 184

晚年的真愛 ……………………………………………… 189

步入婚姻殿堂 …………………………………………… 195

迎來無奈的結局 ………………………………………… 199

忘不了的正直學生 ……………………………………… 207

為出版天文著作的努力 ………………………………… 214

與批評者的抗爭 ………………………………………… 219

違心的出版品 …………………………………………… 224

《天體運行論》的真相 ………………………………… 230

天文巨星的隕落 ………………………………………… 235

對家屬的迫害 …………………………………………… 241

真理的捍衛者們 ………………………………………… 244

科學戰勝無知 …………………………………………… 248

遲來的榮譽 ……………………………………………… 254

✧ 附錄

經典故事 ………………………………………………… 260

年譜 ……………………………………………………… 266

名言 ……………………………………………………… 269

目錄

人物生平

▌生卒與經歷

尼古拉·哥白尼（Nicolaus Copernicus, 1473-1543），波蘭天文學家，第一個提出日心說。他所著的《天體運行論》，是現代天文學的起步點。

哥白尼於 1473 年 2 月 19 日出生於波蘭西部托倫城聖阿娜港。他的父親是富商，曾任過市政官吏。

哥白尼 10 歲時，父親去世，由舅父路加斯·瓦茲羅德撫養。瓦茲羅德博學多才，思想開放，提倡研究實際，這對少年時期的哥白尼有很深刻的影響。

18 歲時，哥白尼到波蘭首都克拉科夫的亞捷隆大學學習。

23 歲時，哥白尼到歐洲文藝復興的中心義大利求學。

1501 年，哥白尼到帕多瓦大學，後又到費拉拉大學學習。在此期間他曾訪問過達文西。1506 年回到波蘭後，他在其舅父身邊當醫生。

1512 年，哥白尼在舅父去世後，開始到波羅的海之濱的弗洛恩堡大教堂任神甫，此後的 30 餘年他一直在教會任職。在這

人物生平

一期間，他完成了著名著作《天體運行論》。

1506 年至 1512 年，哥白尼完成了日心說觀點的簡要《淺說》。

1530 年，哥白尼發表了論文摘要，曾受到教皇克萊孟七世的讚許。《天體運行論》初稿曾於 1512 年至 1516 年、1525 年和 1540 年作了 3 次重大修改。

1543 年 5 月 24 日，《天體運行論》終於出版。同一天，哥白尼逝世，享年 70 歲。

▍成就與貢獻

哥白尼一生最偉大的成就是創立了「日心說」。他所著《天體運行論》以科學的觀點否定了在西方統治了一千多年的地心說。

這是天文學史上一次偉大的革命，引起了人類宇宙觀的重大革新，沉重地打擊了封建神權統治。這一學說提出後，自然科學便開始從神學中解放出來，走上了大踏步發展的征程。

《天體運行論》的發表具有劃時代的偉大意義。這本鉅著的完成，花費了哥白尼一生的心血。

哥白尼還是著名的醫生、機械師，在數學、地理學、文學、繪畫方面也是第一流的學者。另外，他對經濟學也頗有研究。

▌地位與影響

哥白尼的「日心說」沉重地打擊了教會的宇宙觀。它使天文學從宗教神學的束縛下解放出來，自然科學從此獲得了新生，這在近代科學的發展上具有劃時代的意義。

哥白尼是歐洲文藝復興時期的一位巨人。他用畢生的精力去研究天文學，為後世留下了寶貴的遺產。

哥白尼的書對伽利略和開普勒的工作是一個不可缺少的序幕。他倆又成了牛頓的主要前輩，他們二人的發現才使牛頓有能力確定運動定律和萬有引力定律。

恩格斯在《自然辯證法》中對哥白尼的《天體運行論》給予了高度的評價：「自然科學藉以宣布其獨立並且好像是重演路德焚燒教諭的革命行動，便是哥白尼那本不朽著作的出版。他用這本自然科學方面的書來向教會權威挑戰，從此自然科學便開始從神學中解放出來。」

人物生平

自信的少年

青春應該是一頭機智的獅，一團智慧的火！機智的獅，為理性的美而吼；智慧的火，為理想的美而燃。

—— 哥白尼

細心的觀察者

1473 年 2 月 19 日，在波蘭托倫城聖安娜街三層小樓上，一個小男孩呱呱墜地了。他響亮的啼哭聲透過窗戶，彷彿是在向這個世界宣告他的誕生。他就是尼古拉·哥白尼。

波蘭王國形成於 10 世紀末。12 世紀中葉，全國分裂為幾個公國，波蘭進入封建割據時期。一直到 14 世紀初期，波蘭才重新統一。

1385 年，為抵抗十字軍騎士團的侵略，波蘭王國和立陶宛大公國實行了聯合王朝，立陶宛大公瓦迪斯瓦夫二世·雅蓋沃為波蘭國王。

波蘭從此成為中歐一個強盛的國家，它的疆界廣袤，北至都維納河，東邊到第聶伯河地區。由此，波蘭迎來了它的黃金時代。

在華沙市西北 213 公里的地方，有一座美麗的城市，叫做托倫，這就是偉大的天文學家尼古拉·哥白尼的故鄉。

哥白尼出生之前，托倫市曾長期處於十字軍騎士團的統治下。後來，托倫人不堪忍受壓迫，與其他城市的居民一道掀起了反抗騎士團的戰爭。

這場反抗壓迫的正義戰爭一打就是 13 年之久，直至 1466

年，戰爭以《托倫和約》的簽訂而宣告結束。

戰爭結束時，格但斯克沿海地區回到了波蘭懷抱，同時也使瓦爾米亞併入了波蘭版圖。

鑒於托倫百姓作出的貢獻和托倫所處的經濟地位，幾代波蘭國王先後授予托倫一些特殊權利。

托倫不僅與國內各大城市，如克拉科夫、弗羅茨瓦夫和格但斯克等保持著密切的經濟關係，而且同幾乎遍布整個歐洲的許多外國城市保持著頻繁的貿易往來。

當哥白尼出生的時候，《托倫和約》的簽訂已經過去了 7 年之久，戰爭的硝煙早已經在這座城市的上空散去。

這個剛剛降生的孩子幸福地生活在一個相對安定和繁榮的年代。

「啊！尼古拉，恭喜你！是個兒子，眉清目秀的，將來一定是個偉人呢！」接生婆笑咪咪地向站在門外的父親喊著。

尼古拉聞言，一個箭步衝進門來，匆匆地將接生費塞到接生婆手裡，便大步走到床前，為疲憊不堪的妻子擦去額頭的汗水，深情地吻了吻她：「親愛的，你受苦了！」

「快來看看兒子吧！他多像你呀，長圓的臉盤，頭上有一層密茸茸的鬈髮。」

高尚的母愛，使這位母親忘卻了自身的苦痛，她充滿愛意

地撫摸著兒子白嫩的小手，心頭充滿幸福。

「給兒子取個名字吧！」

尼古拉興奮而又自豪地思索起來。

「叫什麼名字好？我看就叫尼古拉吧！叫起來好聽，聽起來響亮。」

父母給這個小男孩取名叫尼古拉‧哥白尼。尼古拉是他父親的名字，當時歐洲盛行父子同名。

關於哥白尼這個姓氏的來歷眾說紛紜。

有人說哥白尼是西利西亞尼斯河畔地區的一個小村莊的名字，那裡有豐富的銅礦，吸引了成千上萬的淘金者，因此這個小村莊逐漸變成了一個熱鬧的小鎮。哥白尼的祖先就生活在這片土地上。

14 世紀的歐洲，人們習慣把居住地的地名當作自己的姓氏，哥白尼家族的姓氏很可能也是這樣來的。

也有人依據中世紀有關西利西亞的文獻記載推斷說，它同與它讀音相似的另一種姓氏有關。

因為戰爭的勝利，波蘭的手工業興盛起來，商業活動十分活躍。哥白尼的祖先原本在西利西亞地區的哥白尼村世代務農，後來棄農經商，遷到了當時波蘭的首都克拉科夫市。

哥白尼家族的成功源自於哥白尼的祖父，他從一個外出經

商的農民變成了一個富有的商賈。哥白尼在克拉科夫大學讀書時同爺爺有過很多接觸。

哥白尼的父親尼古拉，於 1458 年來到托倫市，開始發展自己的事業，並且獲得了重大的成就。

尼古拉與一個名叫巴爾瓦拉的女孩結了婚，她是托倫城富商瓦茲羅德的女兒，她的祖父當選過托倫城的市長。他們婚後生了兩個女兒、兩個兒子。

哥白尼出生的時候，他那個年富力強的父親，不僅在商業上獲得了重大的成就，而且十分熱心社會活動，積極參加托倫市的政治活動和社會管理。

這樣，哥白尼的家庭，不但在經濟上富有，而且在政治上也有地位，哥白尼出生在幸福歡樂、無憂無慮的環境中。

哥白尼的父親為了做生意，曾到過世界的許多地方，因此見識很廣，而且他又喜歡自然科學，在當時可以稱得上是一個有新思想的人。

尼古拉總是不厭其煩地解答孩子們提出的問題，還給他們講述各地見聞，托倫城聖安娜街的這幢小樓房裡總是充滿著求知的氣氛。

童年的哥白尼，隨父母生活在聖安娜街的這座房子裡。1849 年，這座房子被一位商人買下，房子的門面被改建。

　　因為這座房子離維斯瓦河的碼頭很近，從自家視窗便能看到維斯瓦河裡來往如梭的商船，聽見走南闖北的各種號子。

　　幼小的哥白尼，從自家的窗戶往下眺望，能看見滿載著糧食、蜂蜜、柏油、石蠟、銅和裘皮的大船，駛向格但斯克海港。有的從格但斯克返回，裝載的多是鯡魚、海鹽、衣料，甚至也有來自阿拉伯國家的貨物。

　　在這繁忙的河道裡還時常有放木工人流放木排。

　　當時，船都是用木頭做的，每條船上都有大大的船帆，船帆的形狀各式各樣，大小不一。

　　在千帆過往的河流中，這些不同樣式的船帆就成了一種美妙的風景。

　　童年的哥白尼，喜歡靜靜地觀察外界發生的一切。這種無聲的靜靜觀察，為他日後有目的的天文觀察培養了興趣。

渴望知識的少年

　　哥白尼 3 歲的時候經受了人生的第一場悲劇，他家養的那隻叫瑪麗的小狗突然病了，而且病得非常厲害。

　　一開始牠還耷拉著耳朵，無精打采地在房間裡走幾步，很快便躺下不動了，吃力地喘著氣，渾身顫抖著，顯出一副很難

受的樣子。

幼小的哥白尼蹲在牠的旁邊，注視著牠的一舉一動，多盼望牠能好起來，像以前那樣歡蹦亂跳啊！

哥白尼眼睜睜地看著瑪麗的生命一點一點地逝去，最後牠終於完全不動了。

父親抱起哥白尼，一邊安慰他，一邊把瑪麗生病的原因告訴了他。原來是一種眼睛看不見的小東西鑽到了瑪麗的身體裡，是它們害死了瑪麗。

「它們壞，我要打死它們。」哥白尼稚聲稚氣地說。

父親告訴哥白尼，這些小東西不全都是壞的。其中，有一種可以幫助人，我們吃的葡萄酒、麵包都是靠它們的幫助做成的，還有一種就很可惡了，它們不但會鑽到狗的身體裡，也會鑽到人的身體裡，使人生病、死掉。

哥白尼睜著好奇的眼睛看著父親，父親的話猶如春雨，催生了他心中那求知的種子。

哥白尼的童年，正是父親最為忙碌的時候。那個時候，不管是生意上還是政治上，他都處於鼎盛時期。

繁忙的生意意味著財富的增加，民眾的信任意味著他可能當選為市長；這些都是尼古拉所追求的。他同時忙於經商和從政，也就意味著陪伴孩子的時間不多。

哥白尼的父母雖然沒有更多時間陪伴孩子，但是他們對於孩子的教育卻十分重視。當孩子們學會說話時，母親就有目的地教他們拉丁語、義大利語等。

哥白尼的母親跟世界上許多母親一樣，很會講故事。在哥白尼的童年時代，她是哥白尼的另一位啟蒙老師。

哥白尼的母親是一位嚴格的母親，她最不能容忍的就是不思進取和半途而廢。她常常鼓勵她的孩子們「要有點志氣」，「攀得越高看得越遠」。這是母親最喜歡的格言之一。

在哥白尼還是個穿短褲的小男孩時，母親就總是天不亮就把哥白尼叫醒，以便儘早開始一天的學習。

母親的精力是有限的。在哥白尼5歲的時候，為了使孩子們受到最好的教育，父親為孩子們請來了當地最優秀的家庭教師，由家庭教師開始向孩子們傳授文化知識。

哥白尼就在家庭教師的引導下，開啟了對知識的熱愛和對真理追求的心靈之門。

哥白尼很好問，凡事都要自己思考一遍才會相信。對於老師給出的答案，他並非都表示同意，而大多數情況下，他都會緊緊地盯著老師追問：「為什麼是這樣？」「你怎麼知道一定就是這樣的？」

儘管這位家庭教師的知識很豐富，但是也禁不起哥白尼這

樣打破沙鍋問到底的追問，很多時候都是尷尬地被哥白尼的問題難倒。

不過，這位家庭教師的性格非常溫和，每當他回答不出來的時候，他就會輕輕撫摸著哥白尼的頭髮，說道：「孩子，知識是無窮的，這個世界上有太多奧祕等著我們去探索，老師也不一定都知道。你想要的答案，只有等你長大以後自己去追尋和探索。」

哥白尼長大了，到了他七八歲的時候，他變得十分好動，再也不滿足於整天待在家裡了。他常常溜出家去，到河濱上玩耍，在那裡，有很多的水手朋友，可以聽詹姆斯老爺爺講很多好玩的故事。

一天，哥白尼在家庭教師上完課後，就悄悄地跑到河濱去找滿臉絡腮鬍子的老水手詹姆斯爺爺玩耍。

詹姆斯是個老水手，年輕的時候走南闖北，見多識廣，知道很多有意思的事情。哥白尼很喜歡聽詹姆斯爺爺講故事。

詹姆斯常年生活在船上，沒有親人，十分孤獨，所以，他一看到這個有一頭金黃頭髮、棕色眼睛的哥白尼時，眼裡就放射出光彩，感到了生活的樂趣。

詹姆斯一把抱起這個討人喜歡的孩子，扛在肩上，哈哈大笑道：「怎麼來遲了，哥白尼，還像貓似的藏在啤酒桶後。哈

哈，看我怎麼吃掉你！」

詹姆斯用又黑又硬帶著海腥味兒的鬍鬚扎得哥白尼的臉頰又痛又癢。他不住聲地咯咯地笑著，掙扎著從老水手文著藍花的臂膀上出溜了下來。

「爺爺，船在茫茫的大海上為什麼不會迷路？」

「在海上，太陽從什麼地方升起來？」

「飛魚為什麼會飛？」

「船開到天邊會不會掉下去？」

有些問題詹姆斯解答了，有些問題他也搞不清楚，只好撓頭苦笑，攤開兩手，連連搖頭說：「哥白尼，這個我也不知道。我說孩子，你小腦瓜裡怎麼這麼多問題呢，把爺爺都繞暈了。」

「爺爺，能不能帶我到船上去看看？」

哥白尼天真好問，對於一切都感到很神奇。他雖然常常來河濱玩耍，也看過很多的大船，但是還沒有真正到船上玩過呢。

因此，對於這種能浮在水面上的大船，哥白尼感到十分的好奇。

「行，走吧！」

熱心的詹姆斯爺爺禁不住哥白尼懇求的目光，爽快地帶他走上舷梯，來到輪船上參觀。

「這是舵，那是羅盤，那是計程儀……」詹姆斯一邊抱著哥白尼，一邊給他解說。

轉悠完，哥白尼懂得了「船在大海上是靠羅盤和星辰來辨認航向」的道理。

哥白尼喜歡藍色，喜歡大海，喜歡天空。因為藍色給予人啟迪，給予人聯想，就像是一個猜不透的謎。

有一次，從詹姆斯爺爺那裡，哥白尼看到了一件神奇的東西。那是一個小圓盤，圓盤的玻璃蓋下有一根針，還會動。聽詹姆斯爺爺說，這個小圓盤叫方位儀，它能給船帶路指方向呢！

回家後，哥白尼意外地在自己家裡也找到了一個類似的東西，他驚喜地把圓盤拿在手上，愛不釋手地玩起來。

很快他就發現，不管你怎麼轉動圓盤，那裡面的指標總是指著同一個方向。

為了弄清其中的奧妙，哥白尼找來了工具，拆開了這個圓盤，把指標拿了出來。可是這只不過是個塗了顏色的小鐵片，並沒有什麼獨特的地方。

這次，哥白尼的好奇心給他帶來了母親的責罵。但是他還是從父親那裡知道了那個東西原來叫指南針，是東方的中國人發明的。

　　為了說明指南針的原理，父親把哥白尼帶到院子裡，讓他玩陀螺。

　　陀螺跟指南針有什麼關係？

　　哥白尼的眼中充滿了困惑。父親指著轉動著的陀螺對哥白尼說：「旋轉著的陀螺有一個特性，它總是使它的轉軸指向一個不變的方向，這叫陀螺的定向性，指南針就是根據這個原理製成的。」

隨家人旅遊的日子

　　繁忙的父母沒有忘記與孩子們共享天倫之樂，每年生意的淡季，父母總要抽空帶孩子們外出旅遊或者度假。

　　哥白尼一家十分富有，他們在維斯瓦河的風景地帶有一棟別墅，在老家還保留著原來的房屋。每年的夏天，父親都會帶著孩子們去自己的別墅消夏。

　　在這裡，父親總會邀請很多的文化名人，與他們一起探討政治、文化、經濟、科學和藝術方面的問題。他們的討論往往都是自由和隨意的，沒有固定的主題，也沒有嚴格的思想限定。

　　這裡的每次聚會，都是由一個人提出一個主題，大家就圍繞著這個主題各抒己見。這裡是學者的聚會，沒有政治目的，

也沒有宗教約束，更沒有政治棍棒。所以，參加聚會的人也都非常愉快。

童年的哥白尼當然不可能聽得懂大人們所說的一切，但是對於這種輕鬆愉快的文化氣氛，他卻是深深地感受到了，也使他對於科學和文化充滿了嚮往。

暑期來臨了，全家人都沉浸在即將去消夏的興奮狀態中。

「爸爸！我們今年還是去大別墅嗎？」哥白尼的眼睛一眨一眨的，對於夏天，他總是很期待。

父親摸摸哥白尼的額頭，說道：「不！今年我帶你們回老家，你的哥哥姐姐們都到過老家，你想不想去看看老家呢？」

「哇！爸爸！老家有漂亮的大房子嗎？有好玩的東西嗎？」哥白尼睜大了自己好奇的眼睛，纏著父親問。

「那當然了，老家還有葡萄呢！」

哥白尼歡快地蹦跳了起來，「有葡萄！」他的小眼睛已經微微地瞇了起來，很是嚮往回到老家。

老家的小村有個葡萄園，葡藤蔓蔓，一串串的葡萄像瑪瑙、似珠寶，引人注目，令孩子們垂涎。

在父親的帶領下，一家人乘著馬車向葡萄園奔來。一進入村莊，映入眼簾的就是綠地、白羊、葡藤纏繞、瓜果飄香的田園風光。

葡萄園中，長滿了大串大串的綠色、玫瑰色的葡萄，飄散著帶著淡淡甜味的幽香。每到傍晚，父親就與孩子們一起在葡萄架下一邊吃葡萄，一邊講故事。

在這令人陶醉的環境裡，父親給孩子們說的不是他成功發家致富的故事，而是十字軍騎士團欺壓沿海地區和波蘭人民反抗壓迫所進行的戰爭的故事。

哥白尼最喜歡聽的就是外公奮勇殺敵的故事，每次聽父親講的時候他都心馳神往。

在晚霞的輝映下，父親帶著四個孩子在維斯瓦河邊散步。那點點的魚帆、清新的空氣、閃光的河水，以及莊稼地裡的農民，都讓他們感到一種新奇。

兄弟姐妹幾人東瞧瞧，西逛逛，玩累了，就在河邊的柳樹下歇息。

「爸爸！十字軍騎士團為什麼要侵犯我們呢？」

幾個孩子小鳥依人般圍在父親的身旁，纏著父親講故事。

父親聽了孩子們的問話，不禁長嘆了一聲，靜心聽了聽遠處的蜂鳴、蛙叫和羊群的「咩咩」聲說了起來。

「十字軍騎士團是德意志天主教的軍事組織。他們原來是僧侶，因要把伊斯蘭教驅逐出耶路撒冷而組成了東征巴勒斯坦的十字軍。他們占領了波蘭，並建築了一座防禦堡壘，逐漸演變

成今天的托倫城。十字軍騎士團欺壓沿海的人民，我們自然要和他們抗爭。」

「那我們的外公，也和十字軍騎士團打過仗嗎？」

靠在父親身後的哥白尼，一臉好奇地問。

「是的。你們的外公曾任托倫市議員，後任市議長，他是一位德高望重的老人。他堅決反對十字軍騎士團，參與籌備了反對十字軍騎士團起義。這次起義拉開了 13 年戰爭的序幕。你們外公在馬爾堡和瓦辛親自參加了戰鬥，還在戰鬥中負了傷。為了支持戰爭，他把自己的財富全部借給托倫城使用。」

父親有時候也會帶孩子們去東歐一些國家旅遊，和孩子們一起領略風景勝地、文化名城的風光。有時候也會去海邊度假，讓孩子們看看大海的廣闊。

隨父母度假和旅遊，給哥白尼帶來了許多書本中學習不到的知識。耳濡目染中，父親的氣度和風采，世界的美好與複雜，知識的豐富與多樣，等等，都給哥白尼留下了深刻的印象。

早期學習的歷程

時間過得很快，一眨眼，哥白尼就 7 歲了，他到了需要接受全面教育的時候了。

　　哥白尼生活的時代，波蘭和當時歐洲的大多數國家一樣，都在經歷兩個時代的更替。資本主義因素逐步在封建社會內部萌芽和發展。文藝復興、遠洋航運和宗教改革，深深地影響著整個歐洲。

　　神職人員已經失去了對知識的壟斷權。在這方面，國王的功勞最大。這位本身似乎是文盲的國王陛下對於科學不是一般的推崇，是他建立了最早的大學之一。

　　對學習知識最感興趣的自然是市民階層。貴族在這一時期也拋棄了所謂知識會削弱戰鬥力的偏見，以絲毫不亞於對弓箭的興趣與筆墨打起交道來。

　　於是，從國王到平民，都很重視教育，波蘭的學校像雨後春筍一般，快速地在波蘭這塊肥沃的土地上成長起來。根據記載，當時的波蘭王國，大約每千人就擁有一所世俗學校或者教會學校。

　　托倫城自然也不例外。早在哥白尼出生以前，托倫小學就有一些教師對天文學很感興趣，熱心的教師把當時一些天文學的著作帶到了托倫這座城市。

　　幸運的是，哥白尼的鄰居康拉德‧格塞倫就是這樣一位熱心天文學的人，他曾經把一些關於天文學的著作貢獻給學校。

　　小小的哥白尼很喜歡到格塞倫的家中去玩，他倆便東南西

北地聊起來。哥白尼歪著脖子傾聽，像一塊海綿一般，吸吮著知識的養料。

「哥白尼，你喜歡天文嗎？」格塞倫摸摸哥白尼的頭，柔和地問道。

「喜歡，當然喜歡。能知道天上的故事，多好玩呀！」哥白尼天真地回答。

「那你讀書了嗎？」

「還沒有呢。不知道爸爸會怎麼安排。」

「還是上學校好！上我們聖楊學校吧！」

重視孩子教育的父親決定送哥白尼去正規的學校讀書，讓他們既接受必要的文化教育，又接受學校和社會環境的影響。

1480 年秋天，哥白尼和哥哥安傑伊被父親一起送到了聖楊學校讀書。

這所學校的校長原本是哥白尼的舅舅瓦茲羅德。他大學畢業以後，曾經留學義大利，並且在波羅尼亞大學以優異的成績取得了法學博士學位。

回國以後，瓦茲羅德在托倫辦起了學校，親自擔任校長。沒過多久，他又轉到教會去工作。瓦茲羅德才華出眾，學識淵博，很快就當上了神甫。後來，他又被羅馬教皇親自任命為瓦爾米亞地區的大主教。

　　舅舅是一位人文主義者，思想開放，提倡新學。他雖然日理萬機，但是對於兩個小外甥的學習還是很關心，囑咐後來的校長格塞倫要悉心照顧他們。

　　而這所學校現在的校長原來就是哥白尼的鄰居格塞倫，從此哥白尼只要一有時間就往格塞倫的家裡跑。

　　為了方便孩子們就近入學，有錢的父親又在托倫小學旁邊買了一所房子。

　　新房子前面是寬敞的大街，後面是維斯瓦河，距離學校又很近。這樣一來，哥白尼兄弟既可以像其他孩子一樣到學校讀書，又可以隨時得到家人的關注和照顧。

　　當時，「文藝復興」的光芒正在照耀著整個歐洲。

　　「文藝復興」是歐洲在 14 世紀至 16 世紀出現的一個燦爛輝煌的文化運動，是歐洲文化和思想發展的一個重要時期。

　　「文藝復興」反對中世紀的封建思想束縛，反對傳統教條和舊的權威，在科學和藝術等多方面取得了巨大的發展，產生了一大批多才多藝、學識廣博和為人類文明史作出卓越貢獻的偉人。

　　哥白尼就生長在這個時代，併成為璀璨群英中一顆耀眼的明星。

　　哥白尼所上的聖楊學校也出現了文藝復興的跡象。學生一

進校門，就要學習三門人文課程，即必須學會用拉丁文讀書和寫字，以及掌握基礎數學。

因為印刷術尚未普及，印書費用昂貴，當時幾乎沒有教科書，學生們上課必須把老師講的東西全部記在腦子裡。

這樣一來，勤奮好學的哥白尼就養成了愛動腦筋的好習慣。

放學的時間一到，哥白尼總是跑到最前面，高興地把當天所學到的知識說給媽媽聽。他的記憶力很好，幾乎能把課堂上所學到的內容都準確無誤地複製出來。

哥白尼喜歡觀察和思考問題。一天，家裡丟了一把銀匙子，那是母親結婚時的陪嫁，因此母親特別看重。

母親裡裡外外找了幾遍，毫無蹤影，於是便認定是孩子們弄丟的。

哥白尼感到十分委屈，但又不明白，既然大家都沒有拿，銀匙子也不生腳，它會在哪兒呢？

於是，哥白尼便開始認真檢視廚房的每一個角落。碗架裡、油桶後、柴堆裡，能找的地方都找遍了，哪兒也沒有銀匙子的蹤影。

廚房裡靜悄悄的，這時從什麼地方傳來了一種極細小的聲音，哥白尼仔細地聽了一會兒，便向通往後院的門走去，就在門檻旁他終於找到了那把銀匙子，而竊匙者竟是一群白螞蟻。

　　白蟻正在門檻底下的小洞裡出出進進地忙碌著，那把銀匙子面目全非地躺在門邊，匙子已缺了一大塊，一些白蟻還伏在匙子上咬嚙著。

　　白蟻的牙齒能咬得動銀匙子？

　　哥白尼很感興趣地伏下身子，仔仔細細地看起來，完全忘記了他尋找白蟻的初衷。

　　原來，白蟻是先從嘴裡吐出一些液體，使銀匙子的表面變得像麵粉一樣疏鬆，然後才一點點地把它吃下去。它們的胃口真大，一個晚上幾乎就把一個匙子啃得差不多了。

　　哥白尼像發現新大陸似，叫了起來。他找來了爸爸，與爸爸一起跟蹤追擊，在後院的牆角下找到了白蟻的老巢，抓住了那批長翅膀的「竊賊」。

　　隨後他們把「竊賊」放進一隻小坩堝，下邊點起火，對那些「竊賊」執行死刑。幾分鐘後，在坩堝底部，果然發現了一層銀子。

　　「爸爸！那從白蟻嘴裡吐出的是什麼液體？它們為什麼能夠使銀匙子變軟呢？」

　　「具體的我也不是很清楚，不過我猜測應該是一種帶有腐蝕性的液體，它把匙子腐蝕之後才使得它變軟了。孩子，你要是感興趣的話，就好好學習吧，我想書本會給你答案的。」

父親的話並沒有使哥白尼沮喪，反而進一步激起了他對未知事物的興趣。

正是他這種旺盛的求知慾，使得哥白尼在日後不斷地探索，最終解開了天文學上的一大奧祕。

對父親早逝的深悼

當時波蘭的學校教育，受到了科學發展和教會勢力的雙重影響，從開設的課程就可以看出這個特點。

學校一方面開設數學、天文學、歷史等學科，另一方面又開設神學等，教學日程必須按照教會日曆。

要想在沒有教材的情況下學好知識，首先需要有過人的記憶力，其次需要上課精神集中，此外還需要開動腦筋。只有同時具備這些因素，才可能準確掌握教學內容。

哥白尼天資聰穎，又勤奮好學，他的學習成績一直都是班級裡的第一名。每次考試，看見兒子都取得優異的成績，父母總是沉浸在幸福歡樂的海洋裡。

但是，就在這個時候，不幸降臨了。哥白尼 10 歲那年，一場瘟疫在托倫城流行，終日繁忙、抵抗力差的父親不幸也染上了瘟疫，持續高燒不退。

母親請來了當地最好的教士給父親看病,然而,沒有一種藥物能夠為他解除高燒。

那時候,由於教會的專制統治,科學成了神學的奴婢,只有為神學的合理性尋找依據、與神學有關的學科可以發展,真正意義上的科學研究幾乎可以說沒有。

因此,5 世紀至 11 世紀是歐洲歷史上的黑暗時代。從 12 世紀起,隨著古希臘羅馬文化遺產被發現,歐洲的學術研究才開始復興。

但是,由於教會的統治依然很嚴密,科學發展的步履仍然十分艱難。

當時的醫學是非常原始的,占星術、巫術和宗教迷信還在醫學領域占據著統治地位。

在埃及人和美索不達米亞人的醫學文獻中常用「妖魔」解釋疾病,疾病被視為一種邪惡的精靈,醫生因此往往用吐藥、瀉藥或使人難受的藥物來驅除病魔,有的甚至使用符咒等迷信手法來達到目的。

歐洲當時盛行的基督教吸收了這些不科學的思想和做法,認為上帝是宇宙的主宰,是萬物的創造者。上帝施人以恩,也懲罰不敬神的人,疾病就是上帝對罪人的一種懲罰。

因此教士到來後就在病人的床前向上帝祈禱:「主啊,饒恕

這可憐的罪人吧！萬能的主啊，他將忠誠地服侍您，以清洗他的罪孽。」

可是，在幾天後的暗無天日的一天裡，父親從早到晚痛苦地呻吟，全身抽搐。傍晚時分，他才平靜了下來。

搶救的醫生搖搖頭說：「他走了！上帝保佑！」

母親撲在丈夫身上，嚎啕痛哭：「尼古拉，你怎麼就這麼走了，讓我們孤兒寡母可怎麼活啊！」

四個兒女也在父親遺體旁，痛哭不止：「爸爸！你不能死，你回來啊！回來呀！」

悲天動地的哭聲，令人撕心裂肺，誰人見了不落淚，哪個聽了不傷心。

在全家悲痛不已的日子裡，哥白尼彷彿一下子長大了。

在人多的時候，哥白尼從不落淚，幫助媽媽幹事。一個人的時候，他想起父親生前的音容笑貌，淚水就一個勁兒地往下流。

要知道，這是 1483 年，他才 10 歲啊！少年喪父，可謂人生之一大不幸了！

哥白尼時常一個人怔怔地發愣，他在想一個個難解的問題，真是斬不斷，理還亂。

父親的病逝，使 10 歲的哥白尼產生極大的震驚，心中產生了一種懷疑上帝的驚人想法。

那個給父親看病的教士說，不管發生了什麼事情，總歸是得罪了上帝。上帝是宇宙的主宰、萬物的創造者，人人都要聽從上帝的命令。

上帝創造了人，給了人肉體，又給肉體創造了靈魂。父親的死是因為他的肉體和靈魂要回歸到上帝那裡去了。

「大人說，瘟疫是神為了懲罰那些罪惡的人才降臨的，可父親是虔誠的教徒、難得的人才，為什麼也遭此厄運？」

哥白尼不太相信教士的話。父親在他心中的形象是高大的，他見義勇為，樂善好施，為托倫城人出策出力。

更重要的，教士說上帝把災難降給人類，是為了懲罰不敬神的人，可是爸爸是個敬神的人，為什麼也得受難呢？

看看周圍每天要發生許多不幸的事，難道這都是上帝的意旨？

哥白尼望著天上數不清的星斗，問也得不到回答，只有自己心靈之星的眼淚，像斷了線的珍珠落下來。

當時人們認為上帝住在天上，所以哥白尼決定要一輩子研究天空，使人們不再對神祕的天空望而生畏。

就這樣，父親的早逝成了哥白尼人生道路上極為重要的一個轉捩點。正是在這個階段，他早早立志獻身天文學，並且為了探索天文學的奧祕而終生努力。

人生道路的選擇

這是一個有凝聚力的家庭。父親的死並沒有把家庭擊垮。堅強的母親挑起了撫養孩子、管理家庭的重擔。

料理完父親的喪事之後，這個家庭又恢復了正常。哥白尼和哥哥又重新回到了學校去讀書，兩個姐姐也都繼續到修道院學習《聖經》和封建禮節。

喪父之後的家庭，一切又都井然有序，每個人都在默默做著自己應該做的事情。可是，災難又一次降臨到了這個家庭身上。

哥白尼和哥哥、姐姐們還沒有從悲痛中解脫出來，母親也不幸染上了瘟疫，不久之後便不治身亡了。

哥白尼和他的哥哥、姐姐成了孤兒。

這一次，這個家庭是真的塌了天了。父母雙亡，留下四個未成年的孩子，這個家又該何去何從呢？

當時，哥白尼的舅舅還遠在羅馬，顧不上前來照顧他們。眼看著這個家庭就要垮掉，幸好這個時候，哥白尼的姨媽及時伸出了援手。她住到了哥白尼家裡，承擔起了管理家務、照顧孩子的責任。

孩子們在姨媽的照顧下，總算是漸漸地從陰影中走了出

來。雖然他們並不缺少錢財，但是卻再也享受不到父母的關愛了。

原本歡快的家庭一下子就變得異常冷清，大房間空蕩蕩的。哥白尼彷彿在一夜之間長大了，他再也不像以前愛動，而變得沉默寡言了。

父母雙亡，對於四個年幼的孩子來說，該是一個多麼大的打擊啊。這使得他們無憂無慮的童年生活結束了。

哥白尼的大姐生性憂鬱，她不堪世俗的煩惱和痛苦，還是選擇了修道院。

哥白尼的二姐性格和大姐迥然不同，她覺得自己的兩個弟弟都是喜歡學習的人，將來如果好好讀書的話，一定會有出息的。況且姨媽家的生活條件也不是很好，如果還要帶這樣四個孩子的話，對於她們一家來說，壓力豈不是更大了嗎？

大姐性格柔弱，而兩個弟弟年紀還這麼小，她身為姐姐，一定要為這個家庭承擔起責任。

二姐決定要嫁給一個富商。

「什麼？你要嫁給富商？這怎麼可以！你才多大呢！」

姨媽聽說二姐要嫁給富商之後，忍不住抱住二姐痛哭起來。哥白尼和哥哥的拳頭也都握得緊緊的，揪著二姐的衣裳一個勁的哭。

　　兩個姐姐被安置之後，這個家庭就剩下哥白尼和哥哥了，而這個時候，他們的舅舅瓦茲羅德終於來到了他們身邊。

　　舅舅烏卡什・瓦茲羅德的官邸位於風景如畫的韋納河畔，雖然是一座漂亮的防禦性建築，但並不顯得呆板單調，寬大的窗子為整個城堡增添了明快的色彩。

　　透過護城河上的吊橋才能進入城堡的內院。庭院的周圍是兩層圍廊，二層樓上住著主教和他的兩個外甥及其隨從人員，那裡設有小教堂、圖書館和餐廳。

　　這座豪華的城堡，顯示出主教是一位有雄心和抱負的人。

　　對於如何教育和培養這兩個小外甥，成了瓦茲羅德心中的一個矛盾：是把他們培養成神職人員呢，還是讓他們繼承父業成為商人呢？舅舅一時之間也拿不定主意。

　　瓦茲羅德是一個十分民主的人，他從來不會強迫別人按照自己的意志行事。

　　有一天，瓦茲羅德把哥白尼和他哥哥安傑伊叫到跟前，對他們說道：「孩子，對你們父母的事情，我很難過。但是現在悲傷已經過去，你們要重新打起精神，好好走以後的路，知道嗎？」

　　「舅舅，我們知道。」哥白尼和哥哥異口同聲地說道。

　　「那很好。現在舅舅問你們，你們是想要和你們的父親一樣做一個商人呢，還是想和舅舅一樣做一個神職人員呢？」舅舅語

氣和藹地問道。

父親高大的形象又一次出現在哥白尼的心中，他也想過要做一個商人，就像父親那樣，成為人人仰慕的人。

但是另一個聲音告訴他，他需要研究天上的星星，他要去揭開宇宙的祕密，他要看看天上到底有沒有上帝的存在。

哥哥安傑伊問道：「舅舅，做商人有什麼好處呢？」

舅舅輕輕撫摸著安傑伊的腦袋，說道：「你這個小滑頭，如果做商人呢，就像你們父親一樣。如果經商成功，就能獲得很豐厚的回報，有了錢以後就可以參加社交活動，獲得一定的社會地位。」

「那神職人員呢？」

「舅舅不就是一個神職人員嗎？呵呵，神職人員有社會地位，有固定的收入，被人們尊敬。」

「那麼，做商人和做神職人員各有什麼壞處呢？」

舅舅把兩個孩子抱了起來，讓他們坐在自己的大腿上，溫和地說：「神職人員呢，可能賺的錢沒有商人多。但是商人呢，可能賺的錢很多，但是風險也一樣很大，萬一經營失敗，可能就家破人亡，什麼都沒有了。舅舅比較傾向於你們做神職人員，這樣安穩一些。不過舅舅不會替你們選擇。現在你們自己考慮一下，想要做什麼呢？」

哥白尼想都不想就說道：「舅舅，我想做神職人員。」

哥哥安傑伊考慮了一下，然後也決定聽從舅舅的建議，說：「我也是。」

舅舅開心地摸摸兩個小外甥的腦袋，說道：「要想從事神職工作，就必須要有淵博的知識和很高的學位。從明天開始，你們兩個就去海烏姆諾學校讀書吧。」

海烏姆諾學校是當時波蘭最好的中學。在舅舅的培養下，哥白尼開始走上了一條輝煌的道路。

 自信的少年

求學的旅程

勇者並不是蠻勇。凡見義不為為非勇，欺凌弱小為非勇，貪圖便宜、使乖取巧、自私自利皆為非勇。

—— 哥白尼

天文學的啟蒙

舅舅瓦茲羅德為了讓兩個小外甥專心致志學習，為他們提供了舒適的生活條件和物質基礎。

進入海烏姆諾中學以後，哥白尼就像是進入了一個嶄新的小天地。這裡有寬敞的教室、豐富的藏書，有可以用於觀察天文的高臺，也有知識淵博的老師。

學校開設的課程也多種多樣。由於受到了歐洲文藝復興運動的影響，在這所全波蘭最好的中學裡面，課程之豐富讓哥白尼眼花撩亂。

學校的必修課程有神學、法學、拉丁文等，選修課程有天文學、邏輯學、地理、義大利語等。

優良的教學環境和豐富多彩的知識一下子就把哥白尼深深吸引住了，哥白尼很快就融入了這個新的知識海洋中。

哥白尼逐漸在學習中找到了樂趣，開始漸漸地忘卻了父母雙亡帶來的痛苦。他變得和其他孩子一樣，有了少年人的活力，走路都昂首挺胸的，臉上也開始掛著淡淡的笑容。

海烏姆諾學校還是和哥白尼以前上過的聖楊小學一樣，老師的課本都是不發的，學生只能憑藉著自己的記憶學習。哥白尼還是一如既往地將老師課上所講的知識一點一滴地記錄下來。

　　唯一遺憾的是，他不能在下課之後把學校中學習到的知識再一五一十地複製背誦給母親聽了。而舅舅的工作十分繁忙，也沒有時間來聽哥白尼背書，這使得哥白尼有點憂鬱。

　　哥白尼善於思考，不管是什麼課程，他總會提問，而且問的問題都很巧妙，讓老師都覺得很有意思。漸漸地，所有的老師都喜歡上了這個好問的學生。

　　同學們對哥白尼更是友好，因為他們沒有哥白尼那麼好的記憶力，而且老師上課用的都是拉丁語，有些同學聽不懂拉丁語，有些同學雖然聽懂了，但是卻不能用拉丁語快速熟練地做筆記。

　　整個班級只有一個天才能夠做到這一點，那就是剛剛轉學過來的哥白尼。哥白尼在 5 歲的時候媽媽就開始教他拉丁語，在聖楊小學的時候又打下了良好的基礎，所以來到海烏姆諾學校以後，學習還是很輕鬆，並沒有一般學生轉學之後所遇到的困擾。

　　學校裡有一位教天文學的老師沃德卡，他十分喜愛哥白尼，時常給他「吃小灶」，請他在課後到他家去做客，一起做天文儀器，一道探討天文知識。

　　沃德卡老師的桌案上有一臺天文儀器日晷，也叫日規，是古代的一種利用陽光的照射角度來測定時間的儀器。

「沃德卡老師，這是你自己做的嗎？」哥白尼用驚羨的口吻問。

「是啊！你喜歡嗎？你如果想要的話，就做我助手，我們一起做一臺，做成的話就屬於你了。」

「是嗎？那太好了！不瞞您說，我早就對您這臺日晷眼饞了呢！」

哥白尼爽快地說。

此後，師徒倆就協同作戰了。他們計算、核準，又削又雕，沒幾天，第一臺日晷便製作出來了。

哥白尼高興極了，小心翼翼地端詳著，撫摸著，像是欣賞一件珍寶似的。他向老師投去感激的目光，下定決心，一定要向天文學的峰巔挺進。

這樣，老師的表揚和讚賞，同學們的友好和歡迎，讓哥白尼在第一時間融入了這個新的集體之中。

大家都樂意和哥白尼一起玩，一起學習，一起研究問題，這些也都加強了哥白尼對知識的熱愛。

但是伴隨著哥白尼學習的深入和知識儲備量的增加，他提的一些問題就連老師也回答不了，或者說不願意回答了。

「老師，托勒密的地心說有科學依據嗎？」

「老師，地心說是怎麼被證明的呢？」

　　地心說最初由古希臘學者歐多克索斯提出，後經亞里斯多德、托勒密進一步發展而逐漸建立和完善起來。

　　托勒密認為，地球處於宇宙中心靜止不動；從地球向外依次有月球、水星、金星、太陽、火星、木星和土星，它們都在各自的軌道上繞地球運轉。

　　其中，行星的執行要比太陽、月球複雜些。行星在本輪上執行，而本輪又沿均輪繞地球執行。

　　在太陽、月球、行星之外，是鑲嵌著所有恆星的天球恆星天。再外面，是推動天體運動的原動天。

　　這本來是天文學的一種觀點，但自基督教成為歐洲官方的宗教後，托勒密的「地心說」就被基督教所利用。因為基督教認為地球是上帝創造出來給人類居住的，是整個宇宙的中心；地球的內部是地獄，宇宙的外邊是天堂，天堂是上帝居住的地方。

　　托勒密的「地心說」正符合基督教的觀點，因此被認為是絕對正確的學說。

　　在長達一千多年的時間裡，歐洲的人們一直信奉著托勒密的學說，地心說已經深入人心，誰要反對，誰就是基督教的敵人。

　　哥白尼的問題直接針對托勒密的地心說，難怪會碰壁。在當時教會統治天下的年代，又有誰願意回答這類敏感的問題呢？

哥白尼在學校中遇到了挫折，回家之後又不敢和舅舅說，一段時間以來就顯得很憂鬱。

一天，舅舅回家，看見哥白尼一個人坐在窗戶前發呆。他輕輕地走了過去，問道：「哥白尼，怎麼一個人坐在這裡發呆呢？在想什麼問題呢？」

哥白尼抬頭一看，原來是舅舅回來了，便鬱悶地說道：「舅舅！我最近問老師們一些問題，可是老師都不願意回答。」

「哦？是什麼問題呢？說出來給舅舅聽聽，我幫你解答解答。」

舅舅瓦茲羅德在天文學、神學、數學、法學等學科都有很高的造詣，聽說哥白尼是因為學習上遇到困難而悶悶不樂，他感到培養這個愛好讀書的孩子的責任很大。

於是，哥白尼就把自己在學校中遇到的問題給舅舅說了一遍。

瓦茲羅德是一個進步的神學家，他提倡新學，具備一定的先進思想。雖然他本身是教會的大主教，但是對於教會某些現象，他也是看不慣的。

舅舅很喜歡哥白尼，他一五一十地把哥白尼的疑問給解決了。從那以後，哥白尼只要在學校中遇到解決不了的問題，就回家問舅舅。

舅舅就像是一個超容量的圖書館一般，他的知識量無窮無盡，彷彿這個世界上沒有他不知道的事情。不管哥白尼遇到什麼問題，舅舅都能夠幫他解決。

漸漸地，哥白尼在舅舅身上找到了父親的影子，他開始越來越信任舅舅，有什麼事情也都願意跟舅舅商量了。

舅舅覺得這個孩子很有靈性，培養得好，將來一定會有很大的作為。於是，他就開始有意識地引導哥白尼，願意多花一些時間和哥白尼討論，以便讓哥白尼受到更大的啟發。

革命思維的滋養

瓦茲羅德本身是大主教，在「政教合一」的年代，舅舅在社會上很有地位，經常會收到各式各樣的聚會請帖。

舅舅也和父親一樣，喜歡參加社交活動，每個星期舅舅都會帶上哥白尼去參加各式各樣的社交活動。

舅舅的朋友很多，有詩人、神父、學者等。他們經常聚在一起，探討一些時政和歐洲文藝復興運動以來產生的新現象。

小時候父親帶哥白尼去消夏的時候也會有這種活動，但是哥白尼因為年紀太小不能理解。現在哥白尼漸漸地長大，開始聽懂了這些大學問家們的談話，並且從中學到了很多書本中學

習不到的知識。

哥白尼是個感情豐富的人，有時還好衝動，人們感到他是一個可交的人。

在舅舅的朋友中，有一個叫做卡利瑪和的人。他是義大利著名的詩人和革命家，因為祕密籌劃推翻腐朽的羅馬教廷而被教皇下令逮捕，從義大利流亡到了波蘭。

波蘭國王是一個開明的君主，他收留了卡利瑪和，並且聘請他擔任自己的顧問和王子們的拉丁文教師。這樣，卡利瑪和就在波蘭定居了下來。

有一天，舅舅將一位客人帶回了家中，對哥白尼介紹道：「來，哥白尼，舅舅給你介紹一下，這位是你卡利瑪和叔叔。」

卡利瑪和？眼前這位一臉精神氣的中年人就是那個著名的詩人革命家卡利瑪和嗎？

「您好，卡利瑪和叔叔。我聽舅舅說起過您。您的詩真是讓人陶醉啊！」哥白尼有禮貌地打著招呼。

卡利瑪和溫和地說道：「你好呀，年輕人！我也知道你，你可是你舅舅的心肝寶貝啊。」

不一會兒，卡利瑪和和哥白尼就歡快地聊上了。卡利瑪和聽說哥白尼很喜歡天文學時，他的雙眼中閃過一絲詭異的光芒，說道：「你這麼小就喜歡天文學，這可真了不起。那麼天文

學的兩大法寶，你知道是什麼嗎？」

「不知道，我剛剛接觸天文學，只是平時喜歡看一些天文學的作品，還有很多不明白的地方，請叔叔教我。」哥白尼說道。

「嗯！很好，誠實謙虛是一種美好的品德。」卡利瑪和先是讚揚了一下哥白尼，然後嚴肅地說道：「天文學有兩樣至關重要的法寶，你一定要記住，一個是數學，一個是觀察。」

「天文學的觀察對象是天體運動，如果沒有準確觀測，就不能知道天體運動變化的具體過程。同樣地，如果沒有數學計算，也不可能找到天體運動變化的規律。」

「年輕人，天文學是一門意義重大的革命科學，現在在天文學中占據統治地位的是由托勒密建立的地心說。但是近些年來，尤其是義大利那邊興起的文藝復興以來，出現了很多新的觀察結果，而這些結果卻無法用托勒密的學說去解釋。所以在未來的某一天，地心說會被一種新的學說所代替，你明白嗎？」

卡利瑪和話鋒一轉，突然之間將話題說到了托勒密的地心說上面。不知道是有意還是無意。

當哥白尼聽到會產生一種新的學說代替托勒密的地心說的時候，眼眸中竟然閃爍著一種熾熱的光芒。

哥白尼點頭說道：「我知道的。」

「研究天文現象是一件十分辛苦的事情，切記不能急躁，既要吸取前人的研究成果，也不能盲目相信。記住一句話，凡事都要三思而後行，要相信自己的眼睛。」

卡利瑪和不愧是一名優秀的革命思想家，他的話語間帶有強烈的革命主義思想。很顯然，他對於當下教會禁錮思想，一些學者不講事實、不做觀察，盲目推崇托勒密地心說，只為宗教而服務的現象，是看不慣的。

哥白尼恭敬地說道：「我一定會牢牢記住先生的教誨。」

卡利瑪和拍拍哥白尼的肩膀，說道：「年輕人，你已經長大了，這個世界的明天還要依靠你們來支撐。你叔叔已經在克拉克福大學為你做好了一切準備，等你畢業以後，就去那裡讀書吧。好好讀書，別辜負了我們大家對你的期望。」

「人生的道路有千萬條，你既然走上了這一條路，就一定要相信自己，千萬不要有所畏懼。真理，永遠掌握在少數人手中，我相信你的未來一定會有一番很大的作為。」

卡利瑪和用熱切的目光看著眼前這個飽含求知慾望的少年。他不知道自己這一番話哥白尼能夠聽進去幾分，但是他相信自己已經為他指明瞭道路。

有了進步的社交和社會名流的教誨，再加上舅舅的精心培養和卡利瑪和的指點迷津，少年哥白尼很快就領悟到了其中的關鍵。

　　哥白尼在少年時期就樹立了正確的人生觀，並且在以後的人生道路中沿著這條路不斷地走下去，終於打破迷信，尋找到了真理。

赴克拉科夫深造

　　1491 年秋天，哥白尼以優異的成績從海烏姆諾中學畢業了。這一年，哥白尼剛滿 18 週歲。

　　畢業後，舅舅把哥白尼送進了克拉科夫大學。舅舅為培養這個聰慧的外甥，花費了大量的心血。

　　為了把哥白尼培養成對社會有用的人，瓦茲羅德為哥白尼選擇了最好的教育環境。

　　大學生活的開始，是哥白尼一生中的轉捩點。

　　當時的交通工具只有馬車。從瓦爾米亞主教官邸出發，到哥白尼和哥哥安傑伊要去的克拉科夫大學，路上約花兩週的時間。

　　正值深秋季節，秋風裏挾著樹葉，吹落到路邊，鋪起了一道樹葉路。馬車車輪碾在樹葉鋪就的路上，發出「颯颯」的聲響。

　　「哥白尼，你還記得爸爸活著的時候，帶我們去首都克拉科夫的情景嗎？那兒有壯觀的瓦維爾王宮，有各界的社會名流。這回我們要去那兒上大學，爸爸要是知道，他該多高興啊！」哥

哥安傑伊既興奮又傷感手撫胸膛對弟弟說道。

「記得，當然記得。我真想快點到達那美麗的城市，到當年爸爸去過的地方走一走。」

兄弟倆充滿了激情，滿懷著憧憬一路上觀看著沿途的景緻，興奮地交談著，似乎忘卻了旅途的勞頓。過了十來天，他們終於來到了全國的政治文化中心克拉科夫。

走到街上，看到的是雄偉的宮殿和豪華的民宅，聽到的是來自四面八方的各種語言。克拉科夫大學當時正值興旺時期，以其崇高的聲譽召集了各地青年。

克拉科夫大學，後改稱亞捷隆大學，在當時已經聞名遐邇。當哥白尼進入這所大學時，它已經 130 多歲了。

1364 年，波蘭國王卡齊米日·維爾基修建了這所大學。這是繼布拉格大學之後，中歐的第二所大學。

作為文藝復興運動的故鄉，義大利文化在相當程度上影響了歐洲的許多國家，波蘭也在其列。克拉科夫大學作為中歐的第二所大學，它的建築規模也都是仿造義大利大學而建設的。

根據羅馬教皇的旨意，克拉科夫大學設立了六個民法研究院、三個神學研究院、兩個醫學研究院和一個人文學院。

學校的管理體制十分民主，大學校長經過教授會民主選舉，只有德高望重的大學教授才有選舉的資格。

克拉科夫大學在堅持教授治校的同時，實行民主管理，每一位神職人員都有權力提出自己的意見。

克拉科夫大學的教授們很熟悉歐洲大陸上的一切新潮思想和學術動態，對當時的主流思想都有很深刻的把握和理解。

有了自己的大學，不僅給國王臉上增添了光彩，也為國家培養了知識人才。哥白尼的舅舅瓦茲羅德就是一個典型的例子。

而瓦茲羅德之所以將哥白尼和安傑伊安排在克拉科夫大學讀書，也是有著自己的考慮的。

瓦茲羅德本身就畢業於克拉科夫大學，在這裡有他的導師和同學、朋友，況且他的摯友卡利瑪和也在克拉剋夫大學教書。這樣一來，就能夠很方便地拜託他們照顧好哥白尼兄弟。

哥白尼對於舅舅的安排也很滿意。一方面克拉科夫大學名氣大，學風好，乃是當時波蘭最大的學術搖籃；另一方面，他小時候在這裡生活過，對於這座城市，他也有著一定的感情。

更何況，哥白尼的二姐還生活在克拉科夫。

馬車帶著哥白尼和哥哥安傑伊緩緩地停在了二姐家的門口。當年二姐為了減輕姨媽家的壓力，毅然選擇了嫁給一位有錢的富商，而現在，很多年過去了，哥白尼終於能夠再次見到自己的二姐了。

二姐夫果然是個富豪，和當年哥白尼的父親一樣，是一個

事業有成的商人。他的房子很氣派，寬闊的大街上，一幢房子聳然挺立，大門的兩側各有兩根大柱，顯得十分氣派。

馬車剛在門口停下，早已經接到訊息的二姐就飛快地迎了出來，拉住哥白尼和安傑伊，深情地說道：「哥白尼、安傑伊，能夠看見你們我真是太高興了。來，我給你們介紹，這位是你們的二姐夫。」

二姐夫是一個身材很健壯的男人，他微笑著說：「你們兩個就是哥白尼和安傑伊吧！快請進吧。以後這裡就是你們的家，有什麼需要就直接和我們說。」

「謝謝二姐夫。」

看得出來，二姐現在過得很幸福，二姐夫也是一個很和氣的人，哥白尼和哥哥安傑伊真心為二姐能夠幸福感到高興。

分開幾年的姐弟三人終於在克拉科夫市相聚了，但是哥白尼並沒有按像二姐所安排的那樣住在他們家裡。為了安心學習，他們堅持居住在學校安排的宿舍中，開始走上嶄新的求學之路。

確立畢生志向

克拉科夫大學管理民主，教學嚴謹。在治學方法上，克拉科夫大學實行的是文理並重，不管是學文還是學理，第一年的

新生都必須到文學院註冊，先學習一年的文學課程，奠定了必要的文學基礎之後，才能選擇自己喜歡的專業學習。

哥白尼來到克拉科夫大學之後，首先需要選擇的就是自己要學習什麼專業。

哥白尼的興趣廣泛，他從小就喜歡各種知識和文學藝術，不管是數學、神學、法學還是天文學，或是音樂、美術、文學等，哥白尼都有著濃厚的興趣。

當年，哥白尼的父親遭遇瘟疫死去的時候，他曾經想過要去學習醫學當一名醫生。年少的他曾經單純地想到，如果當時社會上有一名醫術超群的醫生，也許爸爸媽媽就不會死了。

但是哥白尼最喜歡的卻是天文學，而卡利瑪和先生曾經說過，要想學好天文學，就必須要掌握好數學知識，所以數學也成了哥白尼必須學習的知識。

選擇天文學的話，就必須要面對一個十分重要的現實問題，那就是就業問題。在當時，選擇天文學的人不少，但是真正能夠找到合適工作的人卻是少得可憐。

所以哥白尼經過一番權衡之後，決定先研究法學和醫學，然後再學習天文學。學習好醫學和法學，就能夠找到一份不錯的工作，解決了生存問題。

這樣，再去研究天文學的話，就可以做到無後顧之憂，就

能夠一心一意安心地實現自己的理想了。

克拉科夫大學十分注意整治校風。學校規定，大學生見到院長要脫帽屈膝致敬。哥白尼開始對學校的嚴格制度感到驚訝，後來也逐漸習慣了。他見到師長總是脫帽致意，畢恭畢敬。

當時的大學生都住校，可以說是過著半修道院式的生活。當然貴族子弟可以在城裡單獨租房住，但必須在某位教授的監督之下。

哥白尼和哥哥雖然有能力租賃私人住宅，而且他們的二姐和二姐夫也曾經邀請過他們住在他們家裡，但他們還是選擇住在學生宿舍裡。

在當時，拉丁語是世界性的語言，就如同今天的英語一樣，來自全世界的學者在克拉科夫大學交流都是使用拉丁語。有了語種上的優勢，哥白尼可以和來自世界的學者們交流。

「哥白尼，你真行，和誰都能打交道。」朋友們俏皮地稱讚。

哥白尼只是微微一笑作答。他心裡明白，這大概要歸功於舅舅經常帶他一道去參加社會活動。

克拉科夫大學中人數最多的系是天文學系。克拉科夫大學對於教師的要求也是極高的，只有獲得碩士學位和起碼教過兩年課的，並且是法律、神學或醫學這樣一些高級系畢業的學生才能成為天文學系的正式教員，從而享有充分的選舉權。只有

從事教學工作滿四年的人才有資格擔任該系的主任。系主任一般每半年選舉一次，一年選舉兩次。

新當選的系主任要宣誓遵守學校規章，監督學生認真學習，並把違反學校紀律的學生全部呈報校長。系裡的每位講師必須教授兩門課程，即閱讀課和練習課。

學生為了能透過期末考試，每天有義務起碼上兩堂課；為了獲得最低的學士學位，起碼要用兩年時間讀完 11 門課程，尤其是要學會分析亞里斯多德的作品。

從綜合性大學問世起，亞里斯多德的著作就一直被作為大學不變的教材。

在克拉科夫大學，講授量最多的是亞里斯多德的邏輯學，也稱作辯證法。要想獲得更高學位，譬如碩士學位，必須在 38 個月內學完亞里斯多德的 9 本著作，如《倫理學》、《物理學》和《形而上學》等。

此外，還依據幾百年前的教材講授拉丁文語法和修辭學，教學生掌握異常複雜的教會曆法和學會計算日期不固定的宗教節日，譬如復活節和降靈節等。

作為克拉科夫大學的學生，在學習神學和法律學之前必須做的艱苦的準備工作是需要提前掌握天文學、星占學、算術和樂理知識。

這樣看來，克拉科夫大學的負擔還是很重的，這也是為什麼在這所大學只有極少數學生才能堅持到底獲得學位的原因。

而哥白尼則憑藉著自己頑強的毅力，成為這些堅持到底的學生中最為璀璨的一位。

哥白尼在大學一年級學習了拉丁語、波蘭語、義大利語、羅馬史、神學、法學、哲學和邏輯學等多門課程，為他後來的研究和寫作打下了一個堅實的基礎。

儘管在入學的第一天哥白尼就堅定地選定天文學作為自己的研究方向，但是對於學校安排的文學科的課程，他非但沒有反感，反而學得很有興趣。

哥白尼的興趣廣泛，他喜歡詩歌，也喜歡語言藝術。他知道，只有掌握多門語言，才能在今後的學習和研究中排除語言障礙。

在當時，出國留學已經是一種常見的現象。哥白尼的舅舅瓦茲羅德就曾經到義大利留學，獲得博士學位。

哥白尼把大學第一年的課程，當成是日後打基礎的必備條件。在學習中，他接受了人文主義思想，並且逐漸產生了對傳統理論的叛逆心理。

這種心理發展到最後，就成了全面否定托勒密的「地心說」。

到了大學第二年，哥白尼開始了專業課程的學習。他把精力主要放到了數學、天文學、法學和醫學等學科身上。

在當時，宗教神學統治世界，學習和研究天文學，目的並不是要研究天體運動的規律，而是為了鞏固統治和實際生活需要。

一方面，教會需要天文學家準確地計算所有不同節日在具體年分的準確日期，需要編制日曆和從事非常複雜的時間統計工作。另一方面，則是為了培養「占星術士」。

所謂「占星術士」，就是依靠觀察形勢變化預知禍福的人，他們通常是由王室、高官和軍隊培養。

有名的占星術士又被稱為占星學家。他們對於天體星辰的觀察和對禍福的預測，被稱為占星術。

絕大多數學習天文學的人，都是希望能夠透過掌握占星術而成為國王或者高官們的座上賓，享受功名利祿。

但是哥白尼的目的和他們迥然不同，他純粹就是為了獲得更多的知識。他想要揭開天體運動的真相，想要研究天體運動的規律，而並非將它視為謀生的手段。

1492 年，就在哥白尼就讀大二的這一年，哥倫布發現了美洲。與這個驚世的地理大發現相映生輝的，則是天文學的進展以及與航海業之間緊密相連的聯繫。

哥倫布的地理大發現顯示了天文學和導航術之間存在著緊密的聯繫。當哥倫布發現美洲大陸的訊息傳到克拉科夫之後，世人震驚了，而作為指導哥倫布前進的天文學，也在這一時間以極其快的速度發展了起來。

導師帶來的影響

哥白尼求學克拉科夫大學期間，學到了很多知識，也結交了很多的朋友，其中對他影響最深刻的就是他的天文學導師沃伊切赫。

沃伊切赫是當時歐洲最著名的天文學家之一。在克拉科夫大學，他擔任數學和天文學教授，同時他還是一位具有新思想的人文主義者。

哥白尼自從認識了沃伊切赫教授以後，他最愛上的就是沃伊切赫的課。沃伊切赫在授課中，善於把學生的數學愛好同天文學以及人文主義思想結合起來。

沃伊切赫講起課來，旁徵博引，視野寬闊，並不限於所授的專業。他寫了一些天文理論，還編制過天文曆表。

沃伊切赫對於陳腐的謬見給予毫不留情的批評。他勇於提出一些大膽的假設和建立，許多觀點都是學生們聞所未聞的。

這些都開拓了哥白尼的思想，為哥白尼日後勇於全盤否定托勒密的「地心說」埋下了種子。

沃伊切赫喜歡講月亮，他曾對月亮進行過多次觀察。在常人眼裡很平常的月亮，到了他的嘴裡便變得趣味盎然。

哥白尼清楚地記得，他上的第一堂課講的就是月亮。

「同學們，很高興今天又能給大家上天文學課，今天我們的課程是講述月亮的祕密。在上課之前，老師要先問你們兩個問題。第一個問題是：當月亮圍繞地球轉圈時，你們覺得它的軌道是什麼形狀？第二個問題是：你們看到過月亮的後腦勺嗎？好了，請大家思考一下，然後告訴我答案。」

沃伊切赫教授剛提完問題，教室裡就像開了鍋，響起了各種爭論聲。

沃伊切赫教授提出的這兩個問題是大家從來沒有思考過的，大家一時之間都覺得很奇怪，教室裡紛紛攘攘，到處都是議論聲。

「月亮的軌跡是圓形的吧，這個書上都這麼說的。」

「是的，托勒密的學說也是支持月亮的軌跡是圓形的。」

「可是我怎麼就沒有看見過月亮的另一面呢？」

「是呀！從小到大，月亮好像就是隻用一面對著我們。」

「我聽說沃伊切赫教授研究月亮十幾年了，難道是他有什麼

新的發現了嗎？」

「我猜一定是這樣的，肯定是沃伊切赫教授有研究成果了。」

同學們爭著、吵著。沃伊切赫教授笑嘻嘻地聽著，等大家說夠了，他才揮揮手示意大家安靜下來，說道：「好了，現在，有哪位同學自告奮勇來回答我的問題？」

「我來。」

哥白尼早就等不及了，他相信他的答案是最有道理的，因此很想第一個起來回答問題。

哥白尼信心十足地說：「月亮走的軌道一定是圓形。」

這個答案沒什麼稀奇，前面好幾個人都這樣說。可是別急，他還有下文呢，這才是他最得意的。等大家靜了下來，哥白尼才不慌不忙地說出了他最得意的那句話──「因為古人說過圓是完美的幾何圖形。」

「哥白尼，這麼說你讀過古人的著作？」沃伊切赫教授吃驚地問道。

「讀過一些。」哥白尼謙遜地回答。

沃伊切赫教授讓哥白尼坐下，隨後便接著哥白尼剛開始的話題講起來。

「哥白尼同學說得不錯。誠然，古人確實說過圓形是一種完

美的圖形，所以他們斷定天體運動的軌道應該是圓形的。一千多年來大家也都是這麼認為的。」

議論紛紛的教室頓時安靜了下來，大家都支起耳朵聽沃伊切赫教授精彩的講課。

沃伊切赫出人意料地說道：「可是我的眼睛告訴我，古人的這個說法在月亮上並不合適。我認為月亮的軌道是圓形，這是一種錯誤的觀點。事實上月亮的軌道不是那麼回事，它是橢圓形的。」

「橢圓形的？」沃伊切赫教授還沒把話說完，同學們便驚訝地叫了起來。

「怎麼可能是橢圓形？」

「是我聽錯了嗎？怎麼會是橢圓形的呢？」

「托勒密的地心說不是認為所有的天體都是做圓周運動嗎？」

「沃伊切赫教授，這是怎麼回事呢？」

教室裡像炸了鍋一般。沃伊切赫教授的話把同學們的求知慾望都給激發了出來，所有的同學都想知道這是怎麼一回事。

「是橢圓形的！你們沒有聽錯，我觀察了好長一段時間，研究結果發現月亮的軌跡確實是橢圓形的。」沃伊切赫教授肯定地說。

　　接著，沃伊切赫教授語重心長地說道：「我們要了解那未知的宇宙，當然要學習古人的著作，同時還要用自己的眼睛去仔細地看。」

　　「老師，那你說的月亮的後腦勺又是怎麼回事呢？」

　　對於月亮的後腦勺問題，同學們誰也講不清。只要天氣好，月亮就像一盞燈一樣懸在空中，可是有誰去注意過它究竟是用臉還是用後腦勺對著你呢！

　　「月亮究竟是用那一面對著我們呢？我想絕大多數同學都沒有好好地觀察過這個現象，那麼老師告訴你們，月亮從來只用一個面對著地球。因此在地球上我們是看不到月亮的後腦勺的。」沃伊切赫教授語出驚人。

　　這一堂課給哥白尼的印象太深了。一下課他就跑到沃伊切赫教授跟前，請求老師教他怎麼看星星和月亮。

　　沃伊切赫教授把他帶到了天文觀察室，那裡放著一些簡單的天文儀器，有捕星器、三弧儀。

　　沃伊切赫教授告訴哥白尼，這些儀器是著名的占星家瑪爾卿·布利查送給學校的。他還讓哥白尼今天晚上來，他將教哥白尼怎麼使用這些儀器。

　　沃伊切赫教授平易近人，和學生們建立了深厚的友誼。尤其是對哥白尼，他更是器重和疼愛，常常和他一起散步，無拘

無束地談天，有時是關於天氣的輕鬆話題。

「哥白尼，你看看，今天晚霞滿天，你說說明天天氣會怎樣。」

「我看明天一定是晴天。」

「我看不一定，我還是帶著雨傘更妥當些。哈哈！」

有時候，他們也會針對一些宇宙體系進行深入探討。

「老師，什麼叫『黃道』呢？」

「『黃道』是我們從地面看到太陽一年內在星群之間走過的軌道。古代天文學最發達的國家是巴比倫，他們利用月相精密地測定了一個月的長短。

「他們注意到太陽、月亮和行星在天空中執行的路徑都在一個大圓圈的附近。他們把這一帶分為 12 個相等的部分，並且以其附近的星座命名。」

「希臘人繼承巴比倫人，把這一帶叫做黃道帶，這 12 等分叫做黃道 12 宮，一年內太陽經過這 12 宮。關於這個，你不是早就知道了嗎？」

「是的，老師。但是，我想問的是，太陽是隨著黃道周而復始地運動的，而另外一些星球，如金星、水星、火星等，卻總是沿著黃道附近繞圈子，平時由西向東移動，有時又慢下來，似乎停住了。然後由東向西走了一小段，又折回它們平時執行

的方向。這是為什麼？」

「托勒密教授的『本輪』和『均輪』學說你也讀過，它可以幫你解答這個問題。宇宙中是存在某一些行星做這種不規則性運動的。」

「是的，托勒密先生的學說講得很詳細。他這個理論雖然也能解釋一些現象，但我總是有些疑問。為什麼『均輪』的圓心不是地球，而是一個虛設的點呢？好吧，假設這個虛設的點存在，那他為什麼又要假設另一個事實上並不存在的『地球的對稱點』呢？」

「這個問題，我也說不清楚。不過從他的一系列精密的運算來看，他是能夠自圓其說的。」

「教授，能不能把你的話倒過來說，托勒密先生是為了讓他的理論能夠自圓其說，才編造一些不存在的假設呢？」

沃伊切赫教授聽了哥白尼的反問，不禁怔了一下。雖然他自己也曾對托勒密的天文理論提出過個別「修正」案例，但是想不到眼前的這個年輕人竟走得這麼遠。

他停頓了一會兒，然後用力地握住學生的雙手說：「哥白尼，你真是我見過的年輕人中最有天賦的一個。不過，我實在難以解開你心中的疑團。」

「你還是自己深入地鑽研更多的天文學和數學書，勇敢地挺

起胸膛,去尋找正確的答案吧!如果你懷疑托勒密的學說,就用你的眼睛去尋找答案吧!你肯定能夠做到,我相信你!」

日子過得很快,哥白尼跟著沃伊切赫教授學會了天文觀察的方法,看到了很多天文現象。

特別是 1493 年,那一年竟然有兩次月食,一次日食,都是千載難逢的好機會啊!沃伊切赫教授又教他怎樣利用這種難得的機會解決天文學問題。

老師的諄諄教導如春風化雨,不但激發了哥白尼對天文學的濃厚興趣,而且使他研究天文學的才能節節拔高。

沃伊切赫教授不但注重觀察,而且重視數學。數學與天文學是一對密不可分的兄弟。在哥白尼時代,人們往往把天文學家稱為數學家,可見數學對研究天文有著舉足輕重的影響。

沃伊切赫善於用數學來解決天文學問題,作為沃伊切赫的得意門生,哥白尼後來也極有成效地採用了老師的方法。

良師的啟發再加上自己的勤奮多思,哥白尼成長得極快。他常常在學術會議上發表一些令人瞠目的觀點,還常常用一些問題問倒沃伊切赫教授。

大量閱讀古典作品

古希臘文化主要包括了古希臘戰爭、古希臘藝術和古希臘神話。

古希臘文化作為古典文化的代表，在西方乃至世界都占有極其重要的地位。

愛琴海文明雖較古埃及文明、古巴比倫文明、古希伯來文明和古印度文明遲後出現，但其影響卻更為巨大。

換言之，上述文明已經淘汰於歷史長河之中，而古希臘文化精神卻未被淹沒。其繁榮程度、影響力，以及長久的生命力，只有中華文明方可比擬。

但是在浩瀚的歷史長河中，古希臘文明也曾經一度湮滅，一直到文藝復興時期。在當時，崇拜古人成了文藝復興時期人文和精神的明顯特徵。

15 世紀，人們熱烈地搜尋新的經典原本，每一項新的發現都會被當成偉大的成就而熱情歡呼。

而在這些發現之中，最出名的當屬雅各安·安吉洛的發現了。他在乘船前往康斯坦布林尋找手稿的途中，船舶遇上了大風浪沉沒了，但是他勇敢地挽救了自己的生命，也挽救了那份偉大的發現。

那是一本對於當時西方來說還是一無所知的托勒密的《地理學》。這本書一經發現，立即在歐洲產生了強烈的反響。

1417 年，就在托勒密的《地理學》被發現之後不久，又一本驚世的古典文獻被發現了 —— 一本被世人認為是盧克萊所著的《物性論》在一個名叫奇拉喬維爾的年輕人手裡發現。

這兩本著作的發現對於兩個世紀以來原子論興趣的再度復活，是一種巨大的推動。

對新的原著和新的譯本的孜孜以求，使得世人開始重新認識了古希臘時代。不過文藝復興的人文主義者，可不僅僅簡單地停留在重新發現和認識古人的作品身上，他們有著更為深邃的思想。

一次，又到了沃伊切赫教授的天文學課。還是和從前一樣，沃伊切赫教授在課前事先提出了一個問題讓同學們思考。

「同學們，在上課以前，首先問大家一個問題。你們說，這大地是圓的還是方的呢？」

這個問題一提出來，教室裡又是亂糟糟一團議論之聲。上沃伊切赫教授的課就是這麼有意思，總是能開啟同學們的智慧。

「大地是方的，就像是長方形的蓋。」

「小時候爺爺總說天圓地方，所以大地肯定是方的。」

哥白尼想起了自己上次在圖書館看到的亞里斯多德的書，

書上說大地是個圓球，並且浮在空中。

哥白尼自信地站起來回答道：「大地是圓形的。亞里斯多德的書中曾經說到過這個問題。」

這時，另外一個同學站起來反駁，說道：「不對！基督教說宇宙是一個長方形的大盒子，盒子的地面是大地，四周各有一個角，邊緣上聳立著山峰。」

「圓形的天空籠罩著箱子的四壁，大地被分為東南西北四個部分，人類居住在北部，天空的上方是天海，天海的上方是天國，天地連成一片。連基督教都說大地是方形的，難道亞里斯多德比上帝還要聰明嗎？」

「不對！上帝是宗教，我們學習天文學，應該要相信科學。」哥白尼相信亞里斯多德的觀點，因此據理反駁。

兩個學生爭得面紅耳赤，而教室裡的同學也很快分成了兩派，一部分同學支持哥白尼的觀點，另一部分同學支持那一個同學的觀點，雙方圍繞著大地究竟是圓是方展開了激烈爭辯。

沃伊切赫教授樂呵呵地看著大家爭辯，然後才揮手示意大家安靜下來。他緩緩地說道：「你們雙方的說法都有道理。不過關於大地是圓形還是方形的問題，我不做回答。我要告訴你們的是，科學是不能著急的。」

「神學家宣傳基督教義，他們讓你們學習的不是天文學，而

是占星術。他們告訴我們，不需要有求知慾望，不要去做任何的研究，只要信奉上帝，一切問題就都解決了。」

說到這裡，沃伊切赫教授突然之間嚴肅了起來，他說道：「作為一個新時代的年輕人，你們生活在人文主義復興運動的潮流之下，要勇於追求真相，不要被宗教禁錮了思想。要多讀亞里斯多德的作品，比如他的《倫理學》、《物理學》和《形而上學》等著作。亞里斯多德是一個劃時代的偉人，多多學習他的這三本書，對你們大有裨益。至於其他作品，早已經不是他本身的模樣了。」

「教授，為什麼呢？」學生們不解地問道。

「因為宗教！就像你們之前探討的這個問題一樣，基督教認為大地是方形的，可是亞里斯多德的觀點恰恰相反，他認為大地是圓形的，這就與基督教產生了衝突。」

「正是因為亞里斯多德的很多思想都與基督教義格格不入，所以大約在一個世紀以前，羅馬教皇下令禁止流傳亞里斯多德的著作。可是亞里斯多德的名聲太大了，這樣強制性的禁止根本就行不通。」

「於是教會就換了另一種更為無恥的做法，他們篡改了亞里斯多德的作品，只要亞里斯多德的作品中出現與基督教義衝突的地方，他們就全部刪去或者替換成基督教義。」

「啊！教會這麼做也太缺德了！」學生們還是第一次聽到關於教會這麼黑暗的事情，他們都震驚了！

「教會對於思想的禁錮由來已久。一千多年前的亞歷山大圖書館焚毀事件相信你們都有所耳聞，因為那所圖書館收藏了一些與教會相衝突的書籍，被教廷下令焚毀了。

「現在，整個歐洲都是在教廷手中，就連國王、貴族們都要聽命於教會。所以，要想找到真正的答案，就要有勇氣衝破教會的思想禁錮。要多讀書，多讀亞里斯多德的作品，多讀一些古典作品，從中尋找到你們想要的答案。」

正是因為沃伊切赫教授的勸導，哥白尼開始明白了教會所宣傳的思想未必都是正確的。他開始埋頭苦讀，一直沉寂在品讀古典文學的樂趣中。

15 世紀時期，愛好文學已經成為克拉科夫大學的一種優良傳統。哥白尼就讀時期，語言學成了熱門。

大學生可在課堂上了解一些古典作家，而更多的古典作家則是在大學之外，從人文主義者那裡得知的。大學生宿舍裡流傳著一些最優秀文學作品的手抄本。

講授精密科學的教授也對人文主義發生了很大興趣。無論是沃伊切赫教授，還是其他老師，都常常在課堂上引用作家或詩人的名言，為大學生開啟了一扇視窗。

　　克拉科夫大學在濃厚的人文主義背景下成長。在這樣的環境薰陶下，哥白尼也像其他大學生一樣，廣泛地閱讀了大量的古典文學作品。

提出驚世觀點

　　正是在文學作品中，哥白尼看到了不同於當時公開宣揚而被普遍信奉的、以托勒密學說為基礎的天文學觀點。

　　不止一位古典作家以文學形式隱晦地提出，太陽是行星體系的中心，其他所有行星，其中包括地球，都圍繞太陽旋轉。

　　亞里斯多德在自己的書信中也提到另外一篇論文，這篇論文綜合地闡述了有關天體運動的知識。儘管哥白尼對托勒密的著作十分尊重，但還是發現其中存在矛盾，尤其是地球中心說更是漏洞百出。這種理論未能使哥白尼信服。

　　沃伊切赫教授的啟迪，使哥白尼加深了這種疑惑。他閱讀的古典作品中提出，對行星的運動還可以有不同於托勒密學說的其他解釋。

　　為了解開縈繞在心頭的這個謎，哥白尼更加廣泛地閱讀古典作品，遇到不明白的地方他也積極地和沃伊切赫導師做討論。他相信，托勒密的學說不一定就是完全正確，一定還會有

一個更加明確的學說存在。

一天，哥白尼興沖沖地拿著一張托勒密的星象圖來找沃伊切赫，一進門就興奮地喊道：

「老師，我發現了，我發現了。」

沃伊切赫看到哥白尼這麼興奮，他倒了一杯水給哥白尼，說道：

「坐下來，慢慢說，發現什麼了？」

哥白尼顧不得喝水，坐在沃伊切赫教授身邊，說道：

「托勒密認為地球是靜止不動的，理由主要有四條。第一條是希臘神話。據說巨神阿特拉斯在反抗主神宙斯失敗之後，受到懲罰，站在世界西方的盡頭上，用肩膀托住了地軸，用腳穩住了地心，用頭和雙手撐住了天空，所以地球就不動了。」

「嗯！你說的這個依據我知道。喝杯水，繼續說。」

沃伊切赫將水杯送到哥白尼面前，讓他歇口氣繼續說。

哥白尼端起水杯，一口氣就將它全部喝乾了，然後繼續說道：

「它的第二條理由是以物理學為根據的。據說阿拉伯穆罕默德的靈柩在墓室裡凌空懸著，四不沾邊，什麼支撐的東西都沒有。這就說明地球是靜止不動的，否則的話，靈柩就不能夠維持原位了。」

「第三點其實是從第二點延伸出來的，是說如果地球轉動的話，那麼不僅靈柩不能保持原位，就連地上的石頭也會拋起來，天上飛的鳥兒和雲彩就會被拋到運轉著的地球的西邊去。」

「最後一個理由，如果地球是轉動的，那麼海水就會氾濫成災，淹沒整個地球。」

沃伊切赫教授聽完哥白尼的敘說之後，緊接著追問了一句：

「你覺得這些說法能夠站得住腳跟嗎？」

「依我看，這些說法沒有一個站得住腳跟。」

聽了哥白尼的話，沃伊切赫教授長長地呼了一口氣。

他繼續追問道：「你的理由是什麼？」

「這些說法，表面上看是說得頭頭是道，好像真像那麼一回事，實際上完全牛頭不對馬嘴，胡扯一通。」

哥白尼像是發現了某種真理一般，義正詞嚴地說道：

「第一條，他說是巨神托著天空，可是誰都知道上帝都是宗教信仰，巨神原本就是一個虛構的神話人物，又怎麼會存在世間？」

「第二條理由，穆罕默德的靈柩懸浮在空中，看似沒有任何的作用力，聽起來像是那麼一回事，但實際上它是因為靈柩用磁石牢牢吸住。不管地球是運動還是靜止，對於被磁石吸住的靈柩來說，根本沒有任何影響。」

「至於第三條，石頭落地，鳥兒高飛，看起來像是符合人們的生活習慣和眼見學識，但仔細一研究，根本不是那麼一回事。地球如果是在做勻速圓周運動的話，那麼地球表面的水和空氣也都是隨著地球的運動而一起運動。

「打個比方說，一塊石頭落地，在石頭落地的過程中實際上它做了兩種運動，一種是自上而下的自由落體運動，另一種是自西向東的水平運動。因為後一種運動是與地球的轉動一起完成的，所以人類的肉眼看不到，我們僅僅能看到石頭從上而下的運動。也就是說，哪怕地球是運動的，鳥兒、雲彩也不會被拋到地球的西邊去。

「最後一點和第三點其實是一樣的。地球在運動的時候，海水也在跟隨著地球一起做運動，又怎麼會氾濫成災，淹沒地球呢？」

聽完哥白尼的辯證，沃伊切赫欣慰地笑了，自己的這個得意門生還真是讓他感到意外，這麼隱祕的問題竟然被他一一解答了出來。他笑道：

「哥白尼，你真是一個善於發現真理的孩子。這已經是你的全部發現了嗎？」

「不！還有一個，就是天空運動的軌跡。」

哥白尼從懷中把托勒密的星象圖拿了出來，星象圖上畫滿

了大大小小的圓圈，代表著宇宙中一個個閃爍的星星。

「這不是托勒密的星象圖嗎？」沃伊切赫驚訝地說道。

托勒密差不多是天文學的老祖宗了。早在一千三百多年前，他把前人觀測天象的數據彙集了起來，做了系統的整理，提出了「地心說」的天體系統，還繪製了一張天體運動的星象圖。

星象圖的中央是一個小小的圓圈，它表示地球。在托勒密看來，地球是整個執行圈內靜止不動的中心。

地球的四周有七道逐漸擴大的圓圈，代表著天體運動的軌跡。距離地球最近的是月球，然後是水星和金星，接下來便是金色的太陽，最後是火星、木星和土星。

所有的星體在地圖上都只是一個小不點，只有太陽是個例外，被濃墨重彩地擴大了好幾倍，還塗上了火紅色的標記，以顯示太陽的威勢。

從星象圖上看，地球只是一個小不點，而太陽卻是一個大圓盤，可正是地球這個小不點，竟然能夠讓太陽和其他行星都圍繞著它做運動！

哥白尼指著星象圖，激動地說道：

「我覺得這張星象圖並不正確。像地球這樣的小不點，憑什麼能夠讓一連串的行星圍繞著它運動，甚至還拉上威風凜凜的

太陽？我覺得這不是不可思議，簡直就是愚不可及！」

「那麼，按照你的說法，應該是什麼樣子的呢？」

「要是依我的說法，托勒密敢讓地球靜止不動，我也敢說地球繞著太陽轉！」哥白尼斬釘截鐵地說道。

房間一下子安靜了下來。哥白尼和沃伊切赫兩人，誰都沒有開口，反倒是窗外的鳥兒叫得更歡快了。

哥白尼勇於說出這句話，需要多麼巨大的勇氣呀！

在黑暗的中世紀，托勒密的地心說是教會支持的學說，反駁地心說，就是和教會作對！和教會作對，在整個歐洲都沒有生存的空間呀！

要知道，在那個政教合一的年代，教會屬於統治力量，整個歐洲都屬於羅馬教皇統治的範圍，不管是國王還是貴族，都必須聽從於教皇的意志。

和教會作對，可以說毫無生存的可能！可是，即便如此，哥白尼這個 20 歲的年輕人，還是勇敢地站了出來，提出了這個驚世駭俗的觀點。

「好！好！好！一千三百多年前的托勒密遇到對手了呀！」

沃伊切赫先是沉默了一下，然後連聲叫好，讚揚了哥白尼。

沃伊切赫嚴肅地說道：

「哥白尼，你是勇敢的孩子，放手去追尋真相吧！用你的勇氣，打破禁錮！去解放太陽吧！」

哥白尼原來以為可以和沃伊切赫教授一起尋找天體運動的真相，但是可惜，意外總是不期而至。就在這個時候，沃伊切赫教授卻要離開克拉科夫大學。

沃伊切赫教授對於哥白尼的成長也感到很開心，他隱隱地感覺到了未來的天文學將會爆發一場驚天動地的革命，而引爆這種革命的極有可能就是自己這個熱衷天文學的學生。

夜晚，繁星閃爍，無邊無際的蒼穹以它神祕的魅力強烈地吸引著哥白尼，他年輕的心為它跳動，他火熱的血為它奔流。

沃伊切赫教授又一次和哥白尼漫步在草坪上，沃伊切赫教授沉默了一會兒，然後說道：

「哥白尼，我今天見到卡利瑪和了。他問起了你的學習情況，我都告訴他了。」

聽沃伊切赫教授提起卡利瑪和，哥白尼的臉上閃過一絲暖色，他說道：

「好久沒有見到卡利瑪和叔叔了，不知道他最近好不好。」

沃伊切赫教授呵呵笑道：

「你這個小滑頭，只怕你看起書來，什麼事情都放到一邊了。今天找你來，是有一件事情要告訴你，我即將離開克拉科

夫大學了。」

　　哥白尼聽到這個驚人的訊息，愣住了，呆呆地問道：

　　「導師，為什麼要離開？你在這裡不是很好嗎？」

　　沃伊切赫教授抬頭看天，嘆道：

　　「是呀！這裡真的很好，我也捨不得離開。」

　　「那就不要走啊！到底是什麼原因讓您這麼突然想要離開呢？」哥白尼疑惑地問道。

　　「卡利瑪和教授告訴我，國王胞弟弗里德里克‧雅蓋隆契克紅衣主教大人要我離開現在的教學職位，去立陶宛出任亞歷山大的私人顧問和大公國宮廷祕書。我已經答應了這項任命，公文大概這兩天也就會下來。」

　　亞歷山大是立陶宛大公、波蘭國王的兄弟和未來波蘭王位繼承人。沃伊切赫教授去擔任他的私人顧問和大公國宮廷祕書，該是一項多麼重大的使命呀！

　　難怪老師無法拒絕！同時哥白尼也覺得這個職位很適合沃伊切赫教授，在那裡，他淵博的知識還能夠得到更加淋漓盡致的發揮！

　　只是，導師走了的話，誰來教導自己呢？新的導師還能夠像沃伊切赫教授這樣勇於打破教會的思想禁錮嗎？如果不能的話，自己又應該怎麼辦呢？

想到這裡，哥白尼的心中沒來由地閃過一絲從未有過的慌亂。

其實沃伊切赫心中也放心不下哥白尼，他勸慰道：

「哥白尼，我離開之後，對於天文學的研究工作就都交給你了。不管別人說什麼，你都一定要堅持自己的想法，一定要相信自己的眼睛。」

「老師，我知道的。」哥白尼沉重地說道。

送別恩師的那一天，哥白尼的心情像灌了鉛似的沉甸甸的。他挽留不住老師，可是，他又多麼想挽留他呀！

看著哥白尼沮喪的神情，沃伊切赫教授哈哈一笑，說道：

「又不是去送葬，你哭喪著臉幹什麼？小夥子，高興點，看看這是什麼？」

哥白尼抬頭一看，原來是一本天文學方面的書籍。

「好好幹吧！揭開真理的希望就寄託在你身上了！」

沃伊切赫教授重重地拍了拍哥白尼的肩膀，鼓勵他勇敢地向天文學的頂峰攀登。

望著手中珍貴的臨別贈品，哥白尼的心裡更像是倒了五味瓶，酸甜苦辣不是滋味，一股傷感的離情充滿心胸。

哥白尼，一個堂堂男子漢，不禁背過臉去，抹去眷戀的淚水，緊緊地握住老師的手不放。他說：

「您不是請了一年的假嗎，到時可一定要回來呀！一定要回來呀！」

他說這話時心中似乎有一種不祥的預感。

果不其然，沃伊切赫教授走了一年後，就傳來了他逝世的噩耗，讓哥白尼悲痛欲絕。痛失良師，讓哥白尼不得不獨自一人扛起研究天文學真相的重擔。

轉學法律報國

沃伊切赫教授離開之後，哥白尼繼續在克拉科夫大學求學。但是當時在天文學系初級階段的學習已經可以結束了，他需要針對自己進行專門的學習，比如主修天文學、數學、醫學和法學。

在克拉科夫大學，哥白尼學習了許多深刻的天文學知識，並且同人文主義結下了不解之緣。學習期間，他因為擅長社交，結識了許多朋友。

特別使他感到惋惜的是，尊敬的沃伊切赫老師一年前離開了克拉科夫大學。一些對大學乃至對整個克拉科夫知識界都具有關鍵影響的人物，也陸續離去了。

使哥白尼終生難忘的卡利瑪和不久前溘然長逝，其他許多

傑出人物先後漂流國外。

正當這個敏感的時節，舅舅瓦茲羅德突然來到了學校。

「什麼？要中途休學？舅舅，為什麼呢？」哥白尼和哥哥安傑伊滿臉疑惑，大學都還沒有畢業，為什麼要中途休學呢？

原來，對於兩兄弟的前途，舅舅有了更加實際的安排，他希望兩個兄弟能夠成為忠於他本人的，代表瓦爾米亞教區利益，為他服務的，具備高深學識的顧問、法律專家或者醫術高明的醫生。

為此，瓦茲羅德積極籌劃，準備送兄弟倆去義大利留學深造。

義大利，一個令人嚮往的國度。它不僅以美麗的自然風光和輝煌的文學藝術著稱於世，而且是當時「文藝復興」運動的發源地。

可是正是因為這樣，義大利的大學比克拉科夫的大學更加優秀。自然那裡大學的學費也就更加昂貴，即便是以瓦茲羅德的財力，要想同時支持兩個外甥一起留學，也有很大的壓力。

不過對於這一點，精明能幹的瓦茲羅德早有準備，他利用自己的影響，為兩兄弟在瓦爾米亞主教區謀得神甫的職位，然後，他們可以獲得神職人員的固定收入。

可是，孩子們是否同意呢？

　　一向比較民主的舅舅並不想自作主張完全替孩子們做決定，在進行謀劃以前，他先徵詢了兩個外甥的意見。

　　這一天，瓦茲羅德將兩個孩子找來，向兩兄弟問道：「你們將來要做什麼樣的人呢？」

　　「天文學家，數學家或是醫生都可以。」哥白尼不假思索地脫口而出。

　　「如果我把你們舉薦當神甫，怎麼樣？」舅舅詢問道。

　　「這個，我們還真沒想過。」兩個兄弟面帶難色地回答。

　　瓦茲羅德說：「你們若當了神甫就可以獲得三年有薪假期去義大利學習各種知識。為了學習，你們是不是可以考慮一下呢？」

　　「那好！」兩兄弟對視了片刻，點頭應允。

　　在兩兄弟中，安傑伊首先當上了神甫，但是哥白尼的神職位置則遭到了不少的挫折。

　　當時，教區內本來有一名神甫去世了，神甫會有了一個空缺。瓦茲羅德為爭取這個席位付出了很大的努力，本來以為這個空缺正好由哥白尼補上的，誰知道就在這個月教皇派人占據了這個席位。

　　無奈之下，瓦茲羅德只能另外尋找機會為哥白尼安排。直至 1497 年，才為哥白尼空出一個神甫席位。

正是因為擔任主教的舅舅的努力才使哥白尼獲得神甫職位。但這件事並未損害哥白尼的聲望，因為任人唯親、搞裙帶關係已成為當時普遍盛行的現象。

不僅神甫，就是教會的最高機構裡也有許多人是靠了親戚關係才謀得職位的。

主教們曾不止一次把主教和紅衣主教的頭銜授予自己的私生子。後來，這種現象逐漸在教會中引起不滿和憤慨，併成了宗教改革派手中的重要把柄。

擔任神職人員，究竟是哥白尼本人的意願，還是舅舅瓦茲羅德的旨意，一直是很難回答的問題。哥白尼大概沒有接受高級教士職稱，只是當了一位世俗式的神甫。

擔任神職人員為哥白尼這位破產市民的兒子提供了重要的社會晉升、繼續學習和發展個人科學愛好的機會。

波蘭歷史上曾有不少市民子弟藉助宗教外衣去享受神職人員的特權，並利用這一特權從事自己的事業。

哥白尼兄弟倆的情況尤其如此，因為當時波蘭對科學和藝術的庇護是很有限的，只有為數極少的人才能得到這種庇護。

哥白尼在等待神甫位置的這一段日子中，是十分難熬的。沒能夠當上神甫，就意味著他失去了固定的收入，也就失去了留學義大利的昂貴學費。

　　但是哥白尼內心深處又是希望能夠早早地出國，學習到更多更先進的天文學知識。

　　瓦茲羅德的心中也十分焦慮。青春是短暫的，他讓兩個外甥中途休學回家，就是希望他們能夠到義大利深造，可不是這樣在家裡白白虛度青春。

　　不過哥白尼有一個團結的家庭，當年，他們父母雙亡之後，面臨著家庭四個孤兒的艱難成長局面，二姐毅然選擇了嫁給富商，緩解了這個家庭的壓力。

　　而現在，為了能夠讓更加專注於學習的小弟哥白尼能夠有機會先出國留學，哥哥安傑伊在經過了一段時間的思考之後，對舅舅說道：「先讓小弟去義大利留學吧。他比我好學，我現在已經有了職位，能夠用自己的力量幫助他完成學業。」

　　「那你自己呢？」瓦茲羅德反問道。

　　「我可以晚幾年再出去。弟弟是我們家學習成績最好的、最有希望成才的一個。爸爸媽媽都不在，我已經有工作，我有責任幫助弟弟成才。」安傑伊深情地說道。

　　同樣都是二十來歲的青年，只是因為出生在哥白尼前面幾年，安傑伊毅然扛起了一個兄長的責任。

　　其實，他們這個年紀正是求學的最好時機，如果晚幾年再留學，精力和學識肯定不如現在。

安傑伊作出這個決定，該是付出了多大的代價呀！

「哥哥！」哥白尼哽咽得說不出話來。

「小弟，去義大利要專心學習，用你最好的學習成績來報答我。」安傑伊拍拍哥白尼的肩膀說道。

兄弟情深，安傑伊的話讓瓦茲羅德十分感動，他仔細地考慮過後，決定同意安傑伊的請求。

於是，他們積極準備，做好讓哥白尼留學義大利的各項準備。

但是，就在這個時候，發生了另外一件事情，使得哥白尼不得不改變計劃，原本醉心於天文學的他不得不先學宗教法典。

當時，羅馬教廷發動「十字軍東征」時建立的一個騎士團，即十字軍騎士團，盤踞在波蘭以北。他們經常侵犯波蘭邊境，燒殺搶掠，還振振有詞地為自己的侵略行徑辯護。

一個星期天的下午，瓦茲羅德接到了十字軍騎士團統領的信，讓他去教區參加談判。

「舅舅，十字軍要你去參加什麼談判呢？」哥白尼正好看到信件，他疑惑地問道。

「哎！」瓦茲羅德嘆了一口氣，說道，「上週，十字軍騎士團有個教士在我的教區內毆打一名教授，被我扣留了。這不，十字軍的統領都把信件送到我家門口來了。」

　　這本來只是一個小案子，可是十字軍統領為了霸占波蘭的出海口，企圖割斷波蘭和東北海岸的關係，故意耍威風，小題大作，甚至冠冕堂皇地將信件送到主教家門口。

　　瓦茲羅德早就看穿了十字軍的野心，所以他是堅決不會妥協的。

　　哥白尼看完信件以後，說道：「舅舅，他們將談判地點設在教區，等於是把你看成了砧板上的魚肉，千萬不能答應。不如我們請他到市區來談判，讓他們坐吃啞巴虧。」

　　「好，就按照你說的辦。」

　　第二天，十字軍氣勢洶洶地就衝進城裡來了，為首的十字軍統領騎著高頭大馬，一路耀武揚威地跑了過來。

　　十字軍統領一到談判會場就咄咄逼人地問道：「瓦茲羅德主教，我的教士究竟犯了什麼罪，你竟然將他扣留了起來？我警告你，教皇給了我們騎士團特權，別說他沒有犯罪，哪怕他殺人放火，那也只能是我們騎士團內部處理，輪不到你插手！」

　　「哼！你所謂的那些特權早已經過時了！那名教士竟然在我的教區內毆打平民，那就要接受教會的制裁。」瓦茲羅德正義凜然地說道。

　　「瓦茲羅德！你好大的膽子，竟然敢不遵從教皇的法旨，信不信我立刻殺了你？」十字軍統領氣得渾身發抖，「砰」的一聲

就把腰間的長刀拔了出來，劈到談判桌上，把桌角都砍掉了。

「公道自在人心。你如果不相信，可以自己去問教皇。還想用武力解決問題，我們波蘭人民奉陪到底！來人哪！」

伴隨著瓦茲羅德堅定的話語，早已經埋伏在四周的軍隊衝了出來，將十字軍包圍了起來。

「哼！這次算你狠，我們走！」十字軍統領害怕了，他丟下一句狠話，就帶著十字軍溜走了。

和十字軍抗爭真的是一件相當累人的事情，不但要在戰場上打仗，還要在談判桌上論理，而且他們動不動就搬出教皇的法旨。

可是實際上，教會的法旨朝令夕改，一天一個說法，根本沒定案，這也就給十字軍混水摸魚提供了條件。

為了戰勝十字軍，必須精通法律，因此瓦茲羅德決定讓哥白尼去義大利學習法律。

哥白尼把學習教會法當做自己義不容辭的責任。他說：「沒有任何義務比得上對國家的義務那麼莊嚴，為了國家獻出生命也在所不辭。」

哥白尼雖然沒有經歷過托倫獨立戰爭，但是他明白，十字軍是波蘭的死敵，必須要奮戰到底。為了國家，他決定暫時放棄天文學，先專心學好宗教法典，回來幫助舅舅對抗十字軍！

義大利的學術之旅

1496 年夏天，哥白尼從波蘭出發，赴義大利留學。當時還是 15 世紀，沒有汽車，也沒有火車，更沒有飛機，唯一的交通工具就是馬車。

從波蘭到義大利，如果日夜兼程不停地趕路，至少也需要 40 多天才能到達。為了趕在波隆那大學開學之前趕到，哥白尼提前兩個月出發了。

哥白尼以前雖然也從托倫城到克拉科夫大學求學，但是那畢竟是在國內，而且波蘭治安相對穩定，當時出門的時候又都是他們兄弟相隨。

而現在的情況可不一樣，哥白尼獨自一人前往義大利，從波蘭到義大利又是山水重重。為了避免旅途的孤寂和危險，舅舅特地安排了一名神甫的祕書與哥白尼一起出行。

哥白尼一行從波蘭的瓦爾米亞出發，中途路過德意志。一路上，哥白尼領略了不同國家的不同風情。他們不斷地在各個著名城市逗留，欣賞異國風情。

哥白尼的馬車躲過了強盜的攔路搶劫，遇到了載著各種貨物的商隊，沿途要在城鎮鄉村留宿，經過了千辛萬苦，終於越過了阿爾卑斯山脈，來到了義大利的波隆那。

當時的義大利，是整個歐洲的科學、文化中心，一場舉世矚目的「文藝復興」運動正在這裡轟轟烈烈地開展著。

什麼是「文藝復興」運動呢？

在古代的歐洲，最先進和最文明的地區是古希臘和古羅馬帝國。古希臘和古羅馬曾創造出大量燦爛輝煌的文化藝術。

不過，當基督教的興起和基督教會在歐洲取得了統治地位後，對古代文明進行了一次血腥的洗劫，凡是不符合基督教義的學說，均被斥之為異端邪說，遭到禁錮。

古希臘及古羅馬的文化被扼殺了，基督教的宗教統治在歐洲進行了一千多年。

到了 14 世紀左右，隨著當時義大利城市商品經濟的不斷發展，新的資本主義關係已開始形成。

新興的資產階級迫切要求衝破基督教對人們思想的束縛，他們打著「復興」古希臘古羅馬文化的旗幟，矛頭直指教會的神權統治。

文藝復興運動的主要思想是「人文主義」。人文主義主張尊重自然和人權，主張個性的自由發展，反對教會用神權扼殺人性，提倡科學和文化，反對迷信。

因此，在文藝復興運動期間，歐洲的文化藝術空前發展，詩歌、戲劇、繪畫、雕刻、建築、音樂和科學技術方面都取得

了巨大的成就。

當時義大利湧現了一批最富有才華的人文主義者，他們都是著名學者和藝術家。

哥白尼正是在這種情況下來到了義大利。文藝復興時期人們的思想空前活躍，這為哥白尼建立自己的天文學理論打下了良好的思想基礎。

但是哥白尼來到義大利的時候，正處於 15 世紀末葉義大利不寧靜時期，各城市之間和各大家族之間的紛爭導致了許多武裝衝突，戰爭、騷亂和凶殺幾乎成了司空見慣的現象。

當時的義大利還沒有統一，作為當時歐洲經濟最繁榮和軍事力量最強大的國家，法國、神聖羅馬帝國和西班牙等國家對義大利虎視眈眈，隨時窺視著義大利的一舉一動。

終於，一場侵略義大利的戰爭就在這樣的背景下爆發了。

1494 年秋天，法國國王查理八世經過精心準備，悍然發動了侵略義大利的戰爭。法軍千里迢迢繞過阿爾卑斯山入侵義大利，於第二年 2 月占領了那不勒斯。

義大利為了抵禦侵略，一次次地與入侵者展開了激烈的戰爭。在相當長的一段時間內，義大利一直處於戰爭之中。歷史上通常把「義大利戰爭」看成是「現代歐洲歷史」的開端。

但是這場戰爭對於義大利的城市而言，意義更加深遠。當

時的佛羅倫斯正處於麥地奇家族的統治之下。

義大利當時處於分裂狀態，佛羅倫斯與那不勒斯是城邦聯盟關係，那不勒斯遭受法軍的侵略，佛羅倫斯很自然地站在盟友這一邊，對法軍宣戰。

但是當法軍兵臨城下，直接包圍佛羅倫斯的時候，麥地奇家族立即妥協了，與法軍割地求和，割讓比薩城和海岸的三座要塞城市。

佛羅倫斯人民憤而起義，成立了民主共和國，結束了麥地奇家族的統治，義大利歷史進入了一個嶄新的時期。

哥白尼在義大利接觸了一些不受教會權威影響的自由思想，甚至在教皇的宮廷裡也碰見過只相信自己的理性、不承認任何權威的無神論者。當時發生的一起轟動事件也傳到了哥白尼的耳邊。

在離波隆那不太遠的佛羅倫斯，神職人員嚴重腐化墮落，普遍熱衷於塵世的榮華富貴。狂熱的宗教改革者、修道士吉羅拉莫·薩佛納羅拉首先在這裡開始了改革活動。

薩佛納羅拉出身於富豪家庭，但他放棄了萬貫家財，從家裡出走，到一座僻靜的修道院修身。

正是這位其貌不揚的瘦小的男人成了佛羅倫斯的主宰者。薩佛納羅拉善於用自己的說教征服群眾。他為各修道院規定了

嚴格的紀律。他詛咒亞歷山大六世教皇和義大利最有權勢的人。

薩佛納羅拉關心窮人，建立了一個人人平等的獨特的民主共和國。他想把教會引向原始基督教提出的簡樸的福音境界。

薩佛納羅拉是一位寧折不彎的盲目信仰者，斷然拒絕教皇提出的讓他擔任佛羅倫斯紅衣主教的建議，繼續宣揚自己的學說，譴責教皇的世俗權利、神職人員的富有和墮落以及不斷加劇的對古代的崇拜。支持者根據其旨意焚燒了義大利文藝復興時期一大批最珍貴的作品。

1497 年，酷愛藝術的教皇宣布開除他的教籍，但教皇同時表示，如果他肯出 5000 盾贖金的話，還可以撤回這項決定。

然而，薩佛納羅拉蔑視教皇的決定，甚至諷刺說：「我們這個時代，四個開除決定僅值一文錢。為了反對自己的仇人，任何人都可以把它買來為我所用。」

教皇怎能容忍薩佛納羅拉的孤傲。1498 年 5 月，薩佛納羅拉被指控為宣揚異端邪說，在佛羅倫斯市中心廣場上被吊死，屍體隨後被焚毀，其慘狀目不忍睹。

這個事件肯定給哥白尼留下了不可磨滅的印象，使他清楚地認識到了等待宗教信仰和學說大膽改革者的將是怎樣一種悲慘的命運。

1496 年秋天，經過了將近 50 天的長途跋涉，哥白尼一行終

於安全到達波隆那。神甫的祕書為他安排了住處之後，就返回波蘭了。

在波隆那，哥白尼即將開始一段嶄新的生活！

對希臘古文的熱愛

波隆那大學是歐洲最古老的大學之一，波隆那是義大利北部的一座歷史名城。1088 年，波隆那開始建立大學，距當時，已經將近 4 個世紀了。

波蘭人到波隆那大學來求學已經有 3 個世紀的歷史了，哥白尼的舅舅就是在這所大學獲得博士學位的。

在哥白尼生活的年代，許多生活上寬裕的人都會越過阿爾卑斯山脈，千里迢迢來到義大利求學深造，這已經是司空見慣的事情。

當然，並非所有的人都是抱著求學深造的態度來的，其中可能也有一些人單純的出於好奇心，只是希望見識一下外面的世界，有一點旅遊的性質在裡面。

然而，不管是什麼原因，這些從義大利留學回國的青年們都會將外面世界的新訊息傳回波蘭。

而波蘭，也正是因為有了這批人的努力，始終與歐洲大陸

保持著最密切的關係。一批又一批的波蘭人在時代精神的召喚下來義大利求學。

哥白尼就是在這樣一種大環境下沿著先輩和同輩們的足跡踏上義大利的求學之路的。

雖然這個時候的義大利北部戰爭頻繁，動盪不安，但是相鄰的城市波隆那卻是依舊欣欣向榮。人文主義精神在這塊土地上迅速播種發芽，而在這樣的環境下，科學也發生了翻天覆地的變化。

中世紀時期的神學在這個時候不再是科學的歸宿和知識的核心，此時的科學正在兩條主線上交融。

一方面，一部分學者認為應該重新研究古希臘書籍，從中發現一些新的知識體系。

另一方面，更多的有識之士認為應該摒棄中世紀的許多觀點，要用自己的眼睛觀察世界，要用自己的大腦思考。這種以經驗的方法從事科學的研究，為科學思想的發展奠定了基礎。

與克拉科夫大學相比，波隆那大學顯得更自由。

在克拉科夫，為了便於控制學生，當局要求學生全部住在宿舍裡。可波隆那大學的學生可以自由地選擇自己的住處。

在波隆那大學期間，哥白尼蓄起了鬍子，穿著世俗的衣服。他也有特製的校服，那是一種深色的長袍，還有帽子。哥

白尼不喜歡這樣的服裝，只有在參加隆重的宗教儀式時，他才穿上這套制服。

哥白尼在波隆那學習的專業是法律、數學、天文學和希臘語。對這些學科，哥白尼都有著濃厚的興趣。除了希臘語，其他的學科哥白尼在以前都接觸過。

因為哥白尼從來沒有學習過希臘語，所以他需要從頭開始學習。

在眾多的學生中，哥白尼顯得很平常，誰也沒想到他正在一點一點地向著一個偉大的目標攀登。他勤奮地學習著，除了他一往情深的天文學，還有教會法和以羅馬法為基礎的世俗法律。

哥白尼非常努力認真地學習最時髦的希臘語。而他能夠學習好希臘語，相當程度上都要感謝於他一個綽號叫做「乞丐」的同學。

「『乞丐』，讓我拜你為師，跟你學習希臘語吧！」

這位綽號「乞丐」的同學學名叫安東尼・烏爾塞烏斯。「乞丐」這個綽號的由來已經不可考證了，也許是因為他像許多文人一樣不修邊幅，頭髮亂蓬蓬的像個雞窩，衣服很髒，甚至有洞也不在乎。

當時的大學中有許多平民和農民子弟，他們生活很貧困，為了把書唸完，不得不四處打工，或者乾脆向有錢人討錢。

當時人們很崇拜知識和文化，有錢人有時會樂於充當一位大學生的贊助人。

哥白尼雖然有教會提供的助學金，但仍然和普通大學生一樣長期經受著缺錢的痛苦。「乞丐」安東尼・烏爾塞烏斯，也是這樣。

雖然生活是貧困的，但在精神上烏爾塞烏斯是富有的。他熱愛古典文學，閱讀了許多古典作品，其中很多作品沒有譯成拉丁文，是用希臘語寫的。

烏爾塞烏斯對古典作品的推崇點燃了哥白尼對古典文學的熱情。為了閱讀這些作品，哥白尼開始學習希臘語，邊學邊進行閱讀。

希臘語為哥白尼開啟了一個新的視窗，透過這個視窗他又了解了許多新的東西，其中使他最著迷的是歐基裡得和阿基米德的著作。

哥白尼對這些希臘學者的文章十分著迷，他把古代雅典人的語言出色地翻譯成拉丁文，並於 1509 年在克拉科夫出版。

在波隆那學習期間，哥白尼學到的法律知識，對他後來作為瓦爾米亞行政官員從事公務活動和國務活動都很有幫助。

在文藝復興時期，用批判的眼光看待古典文學，對其加以辯證和分析，是那個時代最大的特點。

　　哥白尼正是在這樣的一種環境下積極地學習，並且用自己的眼光觀察世界，從而為他日後的輝煌成就打下了一個堅實的基礎。

對行星畢宿五的觀測

　　在波隆那大學裡學風是十分開放的，大家可以盡情地觀察世界，探討自己的研究成果。

　　在波隆那大學，哥白尼有過一次重大的天文學觀察，並且取得了輝煌的研究成果。

　　在波隆那有一個著名的天文學家馬裡亞·諾瓦拉。他是哥白尼的舅舅瓦茲羅德的好朋友，卡利瑪和的學生，還是 5 次授動的大學者。

　　諾瓦拉是一個重視實踐的學者，他曾經親自測量過南歐一些重要城市的緯度，發現這些緯度的數值與托勒密的理論有著很大的差距，從而懷疑起托勒密的學說。

　　在哥白尼出發前，瓦茲羅德曾經給哥白尼寫了一封推薦信，讓他到達波隆那之後給諾瓦拉。瓦茲羅德把哥白尼照顧得無微不至，甚至遠在波隆那，都安排熟人來照顧哥白尼。

　　可是到達波隆那大學之後，哥白尼才知道這個諾瓦拉教授

是多麼的繁忙。他的社交活動極多，很少有時間在學校，哥白尼幾次想要在學校中找他都沒能見到。

幾經周折，哥白尼終於打聽到了諾瓦拉教授的住址。一個星月滿天的晚上，哥白尼懷著忐忑的心情來到了諾瓦拉教授的家中，輕輕地敲了敲門。

「你好，你是……」諾瓦拉教授看見一個年輕的後生前來拜訪，疑惑地問道。

哥白尼恭恭敬敬地將懷中的推薦信拿出來，遞給諾瓦拉教授，說道：「教授，您好，我是哥白尼。這是我舅舅和卡利瑪和叔叔給您的推薦信。」

諾瓦拉接過信件，但是並沒有看，而是熱情地拉著哥白尼的手，說道：「你就是哥白尼？我早就聽老師說起過你了。快隨我進來。」

諾瓦拉為哥白尼泡上了一杯濃郁的咖啡，說道：「怎麼不早點來找我呢？現在開學都快半個月了吧。」

「您太忙了，我幾次去您的辦公室找您，都沒能遇上。」

諾瓦拉一拍腦袋，笑道：「你看，這還真是我的不對。我雖然也很忙，但是晚上都是在家裡的。怎麼樣，在波隆那過的還習慣嗎？」

「嗯，還好吧。這段時間來一直在學習希臘語。」

哥白尼對諾瓦拉說明了一下這段時間的學習成果，諾瓦拉十分欣慰。對於哥白尼這位天才的青年，他十分喜歡。

諾瓦拉笑道：「聽我的導師說，你對天文學十分感興趣，是嗎？」

「是的，老師。我也正是為了這件事來找您的。」

哥白尼說明了自己的來意，以及這一段時間以來他在天文學觀察上所遇到的問題。

諾瓦拉教授真心地讚嘆道：「真是名師出高徒啊！行了，以後你就在我這裡住下，我們一起研究天文學吧。」

諾瓦拉聽了哥白尼探索宇宙結構新體系的想法，非常欣賞，就熱情地邀請他到自己家裡住。

哥白尼欣喜若狂。能與一位傑出的學者朝夕相處，常常同他進行討論，這正是哥白尼十分嚮往的啊。

諾瓦拉研究的主要是月球理論。月亮高高掛在天空，時而像圓盤，時而又像一把鐮刀，為什麼月亮會有這種變化呢？

托勒密對於這個現象作了一個很複雜的解釋。根據地球是宇宙中心的理論，他運用了一套很複雜的公式，給月球套上了一條古怪的規律，說是上下弦月的月亮離地球的距離，比滿月短一半。

可是這個理論根本就說不通，因為如果上下弦月離地球

近，滿月離地球遠的話，那麼，上下弦月就應該比滿月還要顯得大才對！

於是，後來有人維護地心說，又提出了另外一個解釋，那就是月亮時而膨脹，時而收縮，滿月是膨脹的結果，新月是收縮的結果。

這個結論自然也是荒謬的，可在當時卻為人們普遍接受。

「哈哈，你從托勒密的說法推論出多麼荒謬的結論。了不起啊，年輕人！」諾瓦拉推著哥白尼挺拔的身體，哈哈大笑了起來。他的眼眸裡閃動著興奮的光芒。

「我們能不能找出證據來，證明托勒密的月球理論是不正確的呢？」哥白尼發出了動議。

「德國的天文學家約翰·馬勒曾在他的《天文集敘述》一書中提出托勒密的月球理論是不可靠的，但他說得不夠詳盡。」

「我在克拉科夫大學的老師沃伊切赫教授也認為托勒密關於月亮執行軌道的描寫是不對的。但是他同樣沒有用真憑實據去駁倒托勒密。」

「那麼，我們一起來做吧，哥白尼！」

諾瓦拉抓住哥白尼的手激動地握了握。

1497年3月9日，機會來了。哥白尼和諾瓦拉經過反覆運算，預測這天晚上月亮將要和金牛星座的一顆很亮的星畢宿五會合。

　　按照理論，今天晚上的月亮會用它殘缺的陰影部分，將畢宿五遮蓋起來。如果這件事情真的發生，那麼就可以證明月亮的大小並沒有改變。

　　這可是觀察月亮的好機會。他們準備好各種天文儀器，等待著這個激動人心的時刻。

　　「要是遇上一個陰天，那就壞了。」哥白尼瘦削的面龐上流露出擔心的神色。

　　「我從歷年的氣象記錄和近幾天的觀檢視，這一天大概是晴天。」諾瓦拉的眼睛裡閃動著樂觀的神采說道。

　　這一天終於等來了。

　　吃過晚飯諾瓦拉就興致勃勃地約了哥白尼一起來到聖約翰教堂的塔樓上。這裡居高臨下，眼界開闊，是觀測天上地下的好地方。

　　夜幕漸漸地降臨了，滿天星斗也展現在藍燦燦的天幕上，有的閃爍眨眼，有的微笑晃動，花草樹木淡淡的芳香從四周飄來，似乎在向關心它們的兩位崇高的學者致意。

　　「那稍帶紅暈的星就是『畢宿五』，上弦月在它的左邊。你看，月亮在向著它慢慢地靠攏，是不是？」

　　諾瓦拉從天文觀測儀前讓開，哥白尼急不可耐地蹲下來，仰著頭，瞇著眼，注視著無垠的太空。他熟練地找到了「畢宿

五」星，他感到自己的心在怦怦跳動，連移動儀器的手也在略微地抖動。他鎮定了一下自己，舒出口氣來。

哥白尼和諾瓦拉俯瞰著腳下的波隆那城，大地沉睡了，只有幾棟建築物上透出稀稀拉拉的燈光。

人們都已經進入了夢鄉，只有他們兩個，一點兒睡意也沒有，正懷著熱切的希望，觀望著夜晚那似乎比大地輝煌的長空，等待那星月相渡的美妙的一瞬。

時間飛快地過去，哥白尼緊張地觀看著月亮與畢宿五的接近。突然，奇蹟發生了，當月亮與畢宿五並未碰到，它們之間還有一條縫隙時，畢宿五突然從太空中消失了。

哥白尼使勁地揉揉自己的眼睛，再一次仔細地觀察，但是在天空中再也找不到那顆明亮的星星了。

畢宿五真的消失了！

畢宿五消失的地方，不是半邊月亮的後面，而是在它另一邊的後面。

什麼東西遮住了畢宿五，結論是很清楚的，遮住畢宿五的只能是月亮。

月亮雖然有陰晴圓缺，但是它的大小還是一樣的。新月時，月亮的體積並未變小，只不過有一部分人們在地球的某處無法看到。

　　觀測結束了，但是哥白尼和諾瓦拉教授的工作卻才剛剛開始。他們連夜計算，將觀測到的數據進行演算，精確地測定了畢宿五隱沒的時間，用計算證實了他們的推測。

　　天空露出了魚肚白，一縷曙光從地平線上升起，晨曦像往日一樣透過教堂的彩色玻璃照射到他們一沓沓的計算草稿上，他們終於算完了最後的一個數字。

　　月球距離地球的遠近，在盈虧或者滿月的時候都是一樣的，月亮的大小並沒有發生實質性的變化。

　　也就是說，托勒密的學說是錯誤的！

　　「孩子，我們成功了！我們成功了！」

　　諾瓦拉教授的臉上滿是皺紋，連夜的推算讓這位上了年紀的老人看上去十分疲倦，但是在精神上他卻是十分的興奮。

　　諾瓦拉與哥白尼緊緊地擁抱在了一起，為見證這個歷史性的時刻而歡呼。雖然這個時候沒有第三個人知道他們的驚人發現，但是這已經足夠證明托勒密的學說是不正確的。

　　這次對畢宿五的觀察，是哥白尼一生中最早的天文實測記錄，後來他把這次觀察寫進了他的著作《天體運行論》。

　　這是一千三百多年以來托勒密的教條遇到的第一次真正的挑戰，也是年輕的哥白尼第一次打敗了統治歐洲 13 個世紀之久的托勒密。

　　哥白尼從托勒密的月球理論的錯誤開啟了「缺口」，他今後將要做的是進一步推翻托勒密的整個「地球中心說」的宇宙體系了。

　　透過這一次觀察，哥白尼與諾瓦拉的關係由師生很快變成了朋友和助手，他們多次談論過太陽中心的問題。

　　1497 年，哥哥安傑伊也來到了波隆那大學留學，兄弟倆在波隆那度過了 3 年，時間一晃，就到了第四個年頭。

　　而這個時候，舅舅似乎對兄弟倆的前途又有了新的安排。他給哥白尼兄弟送去了一筆相當可觀的錢款。

　　然而，當哥白尼兄弟得知這筆錢不是他們繼續學習的費用，而是他們返回弗龍堡神甫會的路費時，他們的驚訝和失望可想而知。他們忐忑不安地踏上了返回波蘭的旅途。

赴帕多瓦學醫

　　1501 年 7 月，弗龍堡神甫會突然間召回了哥白尼兄弟倆，很有可能是教會為了檢查他們兩兄弟的學習情況。28 日，兄弟倆抵達波蘭，回到了久違的舅舅家中。

　　平日裡神色嚴峻的主教舅舅，見到兩個疼愛的外甥從遠方歸來，也不禁綻開了笑臉，張開寬宏的臂膀擁抱他們。他們似

乎又回到了童年。

「孩子們，歡迎回家！」

「舅舅，我們好想念您。」

分別 4 年，兩個外甥看到舅舅額頭眼尾的皺紋深了，心頭不由得有些酸楚。

哥白尼兄弟回到了家裡，先是去拜祭了一下父母，然後在家裡休整了幾天。

幾天後，在客廳裡，舅舅和哥白尼進行了一次嚴肅的談話。

「哥白尼，你怎麼回事，你去義大利幾年了，怎麼連宗教法典的博士學位都沒有得到？」舅舅的語氣中明顯帶有責怪的意味。

要知道，對哥白尼，舅舅是特別看重的。但是這個聰明的孩子在義大利留學 4 年竟然連個法律的博士學位都沒有拿到，這讓一心培養他的瓦茲羅德十分生氣。

「這……」哥白尼有些局促，不知如何回答。

舅舅依然鄭重其事地教誨道：「哥白尼，我很了解你，你的興趣在天文學方面，多用一些工夫鑽研它是可以的。但是，你知道，是教會給了你假期和津貼，希望你研究宗教法典。你是要為國家去學習法律的，你這樣的成績，如何對得起教會對你的栽培？」

「舅舅，我知道。可是，人類也需要進步，需要科學。我是為報效國家和造福人類而學習的。如果教會方面因此對我不滿，我也不會後悔。」哥白尼抬起頭來，看著舅舅，同樣嚴肅地一板一眼回答。

「那麼，你決定在什麼時候接任教職？」

「假如您允許的話，我希望再給我幾年時間。」哥白尼婉轉的話語中，流露出執拗的決心。

「唉，你這個倔強的孩子，跟我年輕時的脾氣幾乎一模一樣。來，現在我雖然是主教，可多少年來我常常感到自己對國家和人類的貢獻太微不足道了。也許你將來比我做得好一些。人各有志，不能強勉。就按你的意願行事吧！」

舅舅搖了搖外甥堅實的肩膀，無奈中又透出幾分讚許。

「我將一輩子感謝您，親愛的舅舅！」哥白尼像小時候那樣動情地，撲到舅舅的懷裡，眼裡閃動著淚花說道。

經神甫會研究，認為安傑伊適於繼續學習，於是為他延長了用於學習的休假時間。

而哥白尼，似乎又一次得到了舅舅的幫忙，也得到神甫會許可，再去學習兩年醫學。但有一個條件，那就是學完後要擔任主教和弗龍堡神甫會神甫的專職醫生。

「行！為舅舅和教會服務，是我天經地義的職責。」哥白尼

點頭應允。

安傑伊更是喜出望外。

哥白尼在國內短暫逗留以後,又踏上了他熟悉的通向義大利的道路。他必須趕在大學開學之前到達義大利。

要學醫,本來在國內到克拉科夫去也行,但哥白尼十分熱愛充滿陽光的義大利和義大利的文化,他喜歡從人文主義的發源地獲取知識。

哥白尼選擇了當時歐洲最有名的帕多瓦大學就讀,許多著名醫學專家在這所大學任教。

法國蒙彼埃大學從 13 世紀在歐洲也享有類似的聲望,但當時學醫學的學生大多還是嚮往人文主義的故鄉,到義大利去。

哥白尼兄弟倆相互做伴幾年之後,此次到義大利開始分手,哥白尼前往帕多瓦,而安傑伊則直奔羅馬。

帕多瓦大學建立於 13 世紀,比波隆那大學稍晚一些。

帕多瓦屬義大利的威尼斯共和國,當時的威尼斯共和國經濟繁榮、政治穩定,連生意人也有獻身藝術的可能。

帕多瓦大學相對自由的學術空氣與其所在的威尼斯的環境有關。有人曾這樣描述當時的威尼斯:

16 世紀的義大利,威尼斯走上了與義大利其他地方完全不同的道路,它作為一個共和國生存了下來。

　　無論從哪一方面看，它都與眾不同。

　　當各地淹沒在纖巧浮華的巴洛克式建築中的時候，威尼斯的建築顯得莊嚴大方，優美而樸實。

　　威尼斯的畫家追求具有一體的肉體美和生命的活力，這使他們長久地把文藝復興時期羅馬抽象的高雅風格拒之門外。

　　在整個 15 世紀，威尼斯如同那些到 17 世紀才被統一起來的省份一樣，是各式各樣流亡者的避難所。

　　從這裡，我們可以明顯地看到 15 世紀初，佛羅倫斯所遺留下來的文化同政治上的自由相互融合在一起的痕跡。

　　義大利在中世紀處於分裂狀態，外國入侵威尼斯，威尼斯也同佛羅倫斯一樣，奮起反抗，保衛義大利的自由，這也是威尼斯同佛羅倫斯的一個相似之處。

　　與當時的許多世界著名大學一樣，帕多瓦大學也十分重視對亞里斯多德著作的解讀。

　　而從當時的情形來看，進入歐洲國家的不止是一個亞里斯多德，相反，至少有兩個亞里斯多德，或者更多的亞里斯多德。

　　而這當中，有一個是原始的亞里斯多德，而一個則是被修飾後的亞里斯多德。

　　曾經有人說過，1000 個人的心中，就有 1000 個哈姆雷特。同樣的，每個人，或者說是每個評註者的心中都有一個自己的

亞里斯多德。

在大量的分析亞里斯多德的作品中，顯示出了兩種文化傾向，一種致力於把亞里斯多德同《聖經》互相統一起來。另一種發現並承認了兩者之間存在的某些矛盾，他們準備同時遵奉亞里斯多德學說和《聖經》。

大概正是如此細緻的解讀、大膽的質疑，才有了後來哥白尼對亞里斯多德物理學的顛覆以及「日心學」。

帕多瓦大學的醫學和法學在當時的歐洲是最有名的，但是奇怪的是，它雖然以醫學聞名於世，卻沒有單獨的醫學系。

因為醫學關係到人的生命和健康，所以在人文系中設立了這個專業。

人文學系的系主任龐波尼烏斯是一個思想很解放的人文主義者。他寫了一本很有名的書，書名為《論靈魂的不朽性》。

在書中龐波尼烏斯大膽地提出，應該允許學者研究宗教教義，他們應該有這個權利。

當時在思想上，教會占據著至高無上的地位，教會採取的是順之者昌、逆之者亡的專制政策。

1496 年，早在波隆那大學學習期間，哥白尼就聽人詳細說過教會把薩佛納羅拉吊死又把他的屍體焚毀的情景，因為教會說他宣傳異端邪說。

可是思想解放是大勢所趨，是一種不可逆轉的時代潮流，任憑教會怎麼阻止也是無法阻擋這股新興勢力引發的歷史潮流的。

龐波尼烏斯便是一個大膽的學者，他否定宗教教義的權威性，在他看來宗教教義和其他事物一樣也是可以懷疑、判斷甚至否定的。

由於系主任的提倡，整個人文學系瀰漫著一種自由、大膽、富有探索性的學術氣氛。置身於這種環境之中，哥白尼得以更大膽地創立和發展自己的學術理論。

開出古怪藥方

帕多瓦大學，只是在人文學系中有一個醫學專業，因此，哥白尼必須在人文學系註冊登記。

天文學和醫學在當時人們的眼中是姐妹學科，一則因為那時的學問劃分沒有現在這麼細緻；再則中世紀有一種神祕的論調，將人體的器官和宇宙的天體對照來看待。

和中國古代一樣，他們也有「人身是一小天地」的說法。從當時流傳下來的書中還可以看見人體各器官與黃道十二宮對照的圖畫。例如，以雄羊宮配頭、以雙魚宮配足之類。

哥白尼把學習天文學同醫學結合了起來。他不光學診斷內科病，還學習解剖，做外科手術。

本來教會法規規定，神職人員都不搞外科，但哥白尼是低階神職人員，所以，教會法規對他的要求比較寬鬆。

在中世紀經院哲學和宗教神學非常霸道，人們把生病看做是上帝的懲罰。一旦生了病，不去找醫生，而是向神祈禱，請求神的寬恕。

中世紀的醫學包含有許多神祕的魔法和巫術，而它依靠的首先是宗教的威望。同人文科學相比，當時的醫學是落後的，這在相當程度上是輕視塵世生活造成的。

古代醫師蓋倫和希波克拉底是醫學界所尊崇的最高權威。許多世紀以來，以教會權威為支柱的醫學教學一直是以蓋倫和希波克拉底的著作為基礎的。

因此，在中世紀的大學裡常常可以看到這樣的一幕：教師拿著蓋倫的著作朗讀，而助手則進行著示範。

對於中世紀的醫學教師們而言，重要的不是人體本身情形如何，而是它要符合併支持蓋倫的醫學。

儘管如此，一些非正式的科學研究工作像一股暗流一樣，一直在悄悄湧動。這種與實踐相結合的科學研究，豐富了人們的醫學知識，糾正了許多錯誤的觀點。

帕多瓦大學每年進行一次人體解剖示範，藉以講解蓋倫的理論。解剖課在專門的解剖樓進行。

解剖樓由幾名貧窮的學生管理，他們透過這種辦法賺錢維持自己的生活和學習。

醫學專業的學生都要出錢，用作維護這座解剖樓的費用。

大學校長有義務在每年的 2 月分以前，按時向解剖樓提供男屍和女屍。

荷蘭著名大畫家倫勃朗的畫出色地展示了學生上解剖課的情景。大學生在入學以後的第三學期，也就是獲得足夠的理論知識以後，才能上解剖課。

屍體解剖由專門的外科醫生進行，一名普通教授在旁邊朗讀解剖教科書上的課文，而另一名高級教授負責講解課文。

該時期雕塑和繪畫藝術的飛躍發展也明顯提高了人們對醫學的興趣。對人體的興趣促使人們著手研究人體構造。

搞屍體解剖的除醫生外，還有畫家。譬如萊奧納爾多·達文西就畫了人體各個部分的解剖圖形和許多動物的解剖圖形。

看著人體的血管、肌肉、器官，哥白尼看到了人體構造的實物，也引起了他對醫學的濃厚興趣，但是比起天文學的興趣，那可就差之萬里了。

哥白尼從 1501 年進入帕多瓦大學就讀。在這裡，他廣泛地

閱讀幾個世紀以前的和當代的醫學著作，並且把書本上學到的知識同自己在醫院的觀察進行了認真的比較。

按照當時學校的規定，醫學生必須在醫院裡實習一段時間，實踐課考試才能及格。

哥白尼學醫學同他研究天文學採取的是同一方法，即把書本知識與他從實際觀察中得來的知識加以對照。這樣，哥白尼不但能夠把書本知識學得非常扎實，而且還可以使自己不為錯誤觀點所束縛，在學習的過程中可以批判舊觀點。

從儲存下來的哥白尼用過的課本來看，讀書時代的哥白尼是一個頗為認真的好學生。

哥白尼在天文學上有建立性的見地，在醫學上卻沒有超過時代的局限，儘管有些人說他在醫學領域也有很大的成就。

在儲存下來的哥白尼的課本中，還留有哥白尼寫下的不少批註，記錄了他當時的一些意見和看法，其中不乏笑料。

例如那上面記錄著這樣一些處方：「用果樹樹脂在啤酒中燒開三次，然後在吃飯時喝下，有助於治療痛風。」

哥白尼開始也不會篩選藥方，只是一味地接受，透過實踐才對一些藥方進行比較鑑別，進而得出了自己的結論。

哥白尼在醫學書的白邊上記下的話，不光有各種有趣的醫學知識和其他各方面情況，也有他本人的批評和看法。

哥白尼曾這樣寫道：「這要麼是假的，要麼是從未有過的事，所以不能相信它是對的。」

古典天文學的研究

在哥白尼生活的時代，醫學與占星術、天文學的關係都很密切，很多藥物的使用是要按天空中行星的位置來確定的。因此在帕多瓦大學哥白尼雖然學的是醫學，但他從未放棄過天文學。

帕多瓦大學有一位著名的天文學教授，叫弗拉卡斯多羅。他不僅精通哲學，還精通醫學和天文學。

哥白尼對他仰慕已久，便決定去拜訪他。

有了前面幾次拜訪教授的經驗，這一次哥白尼準備比較充分。他是自告奮勇上門拜訪的。

哥白尼先是簡單地說明了自己的來意，以及他在天文學上的研究成果和研究方向。

像哥白尼這樣優秀的學生又有哪一位教授不喜歡呢？

「哥白尼，你可真是一位勇敢學生，勇於向傳統神學發起挑戰。這樣的精神實在讓人欽佩。我雖然不敢如此，但是也願意儘自己全部的力量來幫助你。」

弗拉卡斯多羅對哥白尼這個富有見解的學生很欣賞。

他深知要否定天文學界的權威托勒密，換地心說為日心說並非易事，況且在托勒密背後還有教會這個龐然大物的支持。

弗拉卡斯多羅建議哥白尼重讀一下古希臘羅馬的哲學著作，以便讓自己的結論更可靠一些。

實際上，在這之前，哥白尼已經讀了很多類似的著作。與此同時，弗拉卡斯多羅還鼓勵哥白尼加強對天象的觀測，隨時去發現更多的宇宙的奧祕。

據說哥白尼當時還拜訪了達文西。

達文西是文藝復興時期義大利著名的畫家、數學家、力學家和工程師。

文藝復興時期很多知名的學者都像達文西那樣一專多能，博學多才。

達文西是個平易近人、非常隨和的學者，他毫無架子地接待了哥白尼。哥白尼當時還只是一個默默無聞的大學生。

「能夠認識您我感到十分榮幸！」哥白尼欣慰地說道。

「我也一樣。我聽說過你的名字，你的觀點很有意思，我非常贊成。」

達文西很贊同哥白尼的天文學觀點，他對眼前的這個年輕人寄予厚望，希望他將來能夠有所成就。

他開導哥白尼說：

「搞科學研究，不僅要重視實踐，而且要重視理論。醉心於實踐而看輕理論的人就好像一個沒有舵和羅盤的領航人，永遠不知道航行的方向。」

達文西的意見和弗拉卡斯多羅不謀而合。兩位前輩的話使哥白尼大受啟發。於是他便埋頭鑽研起古希臘和古羅馬的哲學著作來。

學習古典文學大師的著作，已成為當時一種普遍的時髦，哥白尼也捲入了這股潮流。

透過閱讀古典書籍，哥白尼的拉丁語知識更加豐富了，這就極大地提高了他的拉丁語水平。

學習拉丁語，在當時被看做是一種美的追求，也是時代的要求。

隨著人們對古典文學和藝術的追求，人們對希臘文學的興趣也空前高漲起來。

在當時那個年代、當時那個國度，學會希臘語能給人增添許多光彩，並得到周圍人的敬重。

當時認為，最理想的是掌握三種古典語言：拉丁語、希臘語和希伯來語。最後這種語言，哥白尼大概是不會學的。

哥白尼花費許多時間刻苦學習古希臘語，學習古希臘文學

和古希臘科學。

哥白尼的苦功並沒有白費，他通讀了許多希臘語古典著作。

書讀得越多對他的啟發越大，哥白尼的心裡也越發亮堂起來。他是那麼渴望能夠從書中看到一些關於天文學的新觀點。

那麼，在人類的文明發展史上，對於宇宙的認識，經歷了一個什麼樣的過程呢？

關於宇宙這一概念，最早是源自於中國。宇宙一詞，最早出自《莊子》這本書。在《莊子》一書中，明確地闡述了當時人們眼裡的宇宙的狀態。

「宇」指的是一切的空間，包括東、南、西、北等一切地點，它是無邊無際的。

「宙」指的是一切的時間，包括過去、現在、將來、白天、黑夜等，它是無始無終的。

所以，宇宙這個詞就具有「所有的時間和空間」的意思。能夠把宇宙的概念與時間和空間聯繫在一起，充分展現了中國古代勞動人民的偉大智慧。

在遠古時代，人們對宇宙結構的認識處於十分幼稚的狀態，他們通常按照自己的生活環境對宇宙的結構作了幼稚的推測。

在遠古社會，人們觀察天上的星星，認為它數量繁多，數也數不清楚，所以乾脆認定天上的星星和人的頭髮差不多。

　　事實上，人類肉眼所能看到的星星只有六千多顆，而更多的星星人類的肉眼無法看見，只能藉助天文儀器觀測。

　　古人經過長期的觀察，發現天上的星星可以分為幾類，其中那些位置看上去從來不會變化的星星，他們起名為「恆星」。

　　而那些經常變動位置的星星，古人稱之為「行星」。比如我們今天最常見的金星、木星、水星、火星和土星等，都是行星。

　　在中國西周時期，生活在華夏大地上的人們提出了早期的蓋天說。

　　蓋天說認為，天穹像一口鍋，倒扣在平坦的大地上。後來又發展為後期蓋天說，認為大地的形狀也是拱形的。

　　西元前 7 世紀，巴比倫人認為，天和地都是拱形的，大地被海洋所環繞，而其中央則是高山。

　　古埃及人把宇宙想像成以天為盒蓋、大地為盒底的大盒子，大地的中央則是尼羅河。

　　古印度人想像圓盤形的大地負在幾隻大象上，而像則站在巨大的龜背上。

　　西元前 7 世紀末，古希臘的泰勒斯認為，大地是浮在水面上的巨大圓盤，上面籠罩著拱形的天穹。

　　最早認識到大地是球形的，是古希臘人。

　　西元前 6 世紀，畢達哥拉斯從美學觀念出發，認為一切立

體圖形中最美的是球形，主張天體和我們所居住的大地都是球形的。這一觀念為後來許多古希臘學者所繼承。

直到 1519 年至 1522 年，葡萄牙的麥哲倫率領探險隊完成了第一次環球航行後，地球是球形的觀念才最終得到了證實。

西元 2 世紀，托勒密提出了一個完整的地心說。地心說曾在歐洲流傳了一千多年。這一學說認為地球在宇宙的中央安然不動，月亮、太陽和諸行星以及最外層的恆星都在以不同速度繞著地球旋轉。

為了說明行星運動的不均勻性，托勒密還認為行星在本輪上繞其中心轉動，而本輪中心則沿均輪繞地球轉動。

想想古人在那麼落後的生產條件下，卻能夠跨越時代地提出那麼多對於宇宙觀點的認識，真是了不起！雖然其中的有些觀點在今天看來是錯誤的，但是在當時，都造成了進步的作用。

哥白尼在自己的筆記本上記下了他當時的感受：

我愈是在自己的工作中尋求幫助，就愈是把時間花在那些創立這門學科的人身上。我願意把我的發現和他們的發現結成一個整體。

哥白尼不辭辛勞地閱讀了大量古典作品，發現在古代，就曾經有人提出過「日心地動說」。

菲洛拉奧斯是古希臘畢達哥拉斯學派的重要成員，在歐洲

是他首先提出了地動說的觀點。

　　阿利斯塔克則是地動日心說的最早提出者，他在祕而不宣的筆記中曾經這樣說道：

　　天空、太陽、月亮、星星以及天上所有的東西都站著不動，除了地球以外，宇宙間沒有什麼東西在動。地球以巨大的速度繞軸旋轉，這就引起一種感覺，彷彿地球靜止不動，而天空卻在轉動。

　　阿利斯塔克認為，太陽是宇宙的中心，地球和其他行星都圍繞著太陽在運動，地球每天繞地軸轉動一圈，每年沿著太陽轉動一圈，從而產生周年變化和周日變化。

　　「大部分學者都認為地球靜止不動，但是菲洛拉奧斯和畢達哥拉斯卻叫它圍繞一堆火旋轉。」

　　「在行星的中心站著巨大而威嚴的太陽，它不但是時間的主宰，不但是地球的主宰，而且是群星和天空的主宰。」

　　在哥白尼之前以及同時代，曾有許多學者試圖推翻托勒密的學說，但並未有誰獲得成功。

　　中世紀阿拉伯學者和猶太學者也對托勒密的理論產生過懷疑。

　　15 世紀，哥白尼寫道：「我們已經清楚，我們的地球也在動，雖然這是感覺不到的，只有同恆星作比較才能發現。」

在另外一個地方哥白尼又寫道:「地球圍繞自己的軸心,由東向西,24 小時旋轉一周。此外,它還圍繞一個和前一個軸心相垂直的軸線旋轉。同樣,星空和太陽也很馴服,各自做著兩種運動。」

15 世紀,作為哥白尼直接先驅的最傑出的天文學家沃伊切赫和諾瓦拉等人。這批天文學中堅力量,「找到了計算時間的準確方法,從而把天空變成了一隻完美的表。以天體運動為基礎,透過自己的觀測來確定時間。在人類設計出帶秒針的機械錶以前,他們的『天文鐘』是最精確的。」這兩人都是哥白尼的天文學導師,同時他們也都是當代天文學領域的創新者。

這些古代學者和當代學者的真知灼見,少數派的微弱聲音在中世紀的漫漫長夜中已經被埋沒了很久,幾乎就要消失了。

哥白尼卻在重溫古典文學的過程中把它們重新挖掘了出來,並把它們變成了自己前進的燈塔。

哥白尼在後來的《天體運行論》的序言中,曾追溯了這些前輩所帶給他的啟示:

長期以來,我深思數學傳統中關於天體執行的這種不可靠性,這終於使我氣惱。

哲學家們對於仁慈且有條理的造物主為我們創造的宇宙機制的理論,竟莫衷一是,而對探討與天體軌道有關的一些瑣細

問題卻小心翼翼。

於是，我耐心重讀我能到手的一切哲學著作，以查明是否曾有人對天體運動持與數學家一派不同的見解。

首先，我發現西塞羅著作提到海希特斯曾認識到地球是動的。後來又見普魯塔的著作中還有其他人持類似意見。

為使此種見解易為世人了解，宜引述普魯塔之言：「其餘人皆認為地球不動，而畢達哥拉斯學派的菲洛拉奧斯則說地球圍繞中央之火併循一傾斜的圓形執行，恰與太陽、月亮相仿。

彭都斯的赫拉克利特和畢達哥拉斯學派的艾克範圖斯，也認為地球運動，雖不移動位置卻繞自身的中心，如車輪在軸上類似，自西向東旋轉。」

得此教益，我也開始考慮地球的運動。這雖然似乎荒誕，但知前人既然可自由設想這類圓形軌道而準確解釋星展現象，自然也可以允許我一試，或許因設想地球運動而發現的解釋勝過他們的天體迴轉之說。

因此，我基於地球運動的假設，經長年不斷觀測，終於發現，如其他行星按其軌道之比例——與地球之迴轉聯繫，不僅立即推得各行星現象，而且所有星體之順序、大小乃至天空本身，渾然一體，一處變異其位，必使全域性混亂。

夜闌人靜，只有高懸當空的月光透過視窗灑下一片銀光，

像是對哥白尼的撫慰。

哥白尼腦海的智慧全部向宇宙間釋放。他在筆記中這樣寫道：「菲洛拉奧斯承認地球是動的。聽人說，塞莫斯的阿利斯塔克也是這種看法，這是可信的。」

「如果說菲洛拉奧斯或畢達哥拉斯的某一位信徒明白了這一點，那他大概也沒有向後人傳播這種理論。」

「因為畢達哥拉斯的信徒們遵守了這樣一條原則，既不透過書籍傳播，也不向所有人說明這一哲學的全部祕密，僅僅透露給知心朋友和親人。」

哥白尼的觀點與苦衷流瀉在筆端。他的謹慎小心是可以理解的，因為這些新觀點是違背教會權威所支持的固定不變的世界觀。作為神職人員的哥白尼，自然明白其中的利害。

很顯然，哥白尼認識到他的學說所冒的風險，因此跟畢達哥拉斯派一樣，他也不想在這一學說尚未成熟時就貿然地讓它問之於世。

法學博士的榮耀

時間過得飛快，春去秋來，花開花謝，就在哥白尼埋頭苦讀，穿梭於校園之間時，7 年的時間眨眼過去。

　　這 7 年來，哥白尼完成了法律、醫學、神學、數學、希臘文和拉丁文的學業，成績門門全優。

　　在申請博士學位的關頭，哥白尼考慮再三，決定轉學到費拉拉大學。人們一直在考慮的一個問題是，他為什麼不在就讀的帕多瓦或波隆那大學申請博士學位呢？

　　原來，在當時有個風俗，一旦在授學位的儀式結束之後，每個新博士都需要自己花錢宴請導師、同學和朋友，這可是一筆相當大的花費。

　　哥白尼之所以選擇費拉拉，很可能是為了在舉辦儀式方面省去那些過多的花銷。因為在費拉拉熟人少，在費拉拉舉辦儀式的費用要比在帕多瓦和波隆那低一些。

　　1503 年 5 月 31 日，哥白尼在費拉拉大學迎來了他一生中的最後一次考試。

　　5 月的天氣風和日麗，鮮豔的花朵爭奇鬥豔，氣溫不冷也不熱，絲絲微風吹在人們的臉上。

　　含辛茹苦學習了 7 年，就是為了等待這一天。哥白尼穿上黑色的禮服，一頭金色的頭髮梳理得一絲不亂，一雙眼睛炯炯有神。他信心十足地站在禮堂裡，等待主考教授們對他的檢驗。

　　「尊敬的各位老師，我宣誓已讀完規定的各門學習課程。這是我的成績單，請你們審閱。」哥白尼畢恭畢敬地將他的成績單

呈到教授們面前。

「哥白尼，你真是一個優秀的學子。」

據說，當時教授們看了他的成績單，普遍稱奇。評委席上一陣騷動。這樣門門成績優秀的學生，真是少見。教授們紛紛交頭接耳，有的教授特意擦了擦眼鏡，要仔細打量眼前的這位出色的學生。

「第一關透過，現在進行第二關，請你宣傳一下你的論文觀點。」評審席上，一名頭髮蒼白的老教授嚴肅地說道。

哥白尼不敢怠慢，他知道這個儀式的莊嚴。哥白尼恭恭敬敬地將他準備了很久的博士論文當眾宣讀了一遍，朗讀語速均勻。論文切中時弊，洋洋灑灑，朗讀下來，深入人心。

評委席上的教授們一個個點頭不止，顯然對於哥白尼的論文都很滿意。雖然說哥白尼參加答辯前已經將論文提交給他們看過，但是當哥白尼當眾朗讀的時候，他們還是感覺如沐春風，發人深省。

教授們一陣交頭接耳之後，還是之前那名老教授發言：「第二關透過，第三關開始。哥白尼同學，請你將第 68 頁至 74 頁的三節教會法作出解釋，答辯規定時間為兩個小時，現在給你半個小時時間準備。」

儘管在平時的學習中哥白尼對於教會法已經瞭如指掌，爛

熟於心，但是這個時候他仍然不敢有絲毫鬆懈，又認認真真地將教會法那三節的內容溫習了一遍。

之後，哥白尼信心十足地對那三節教會法作出了一個合理的解釋，洪亮的聲音在禮堂中迴盪著。哥白尼用他優異的學習成績和優秀的臨場發揮征服了教授們。

教授們紛紛點頭，他們對於哥白尼的解釋非常滿意，一致同意給予他一個優秀的成績。

答辯儀式自此正式結束，禮堂會場進入了不記名投票表決時刻。在當時，授法學博士學位是一件非常莊嚴的事情，如果參加評審的教授中超過三位認定該同學不合格，那麼博士學位申請就意味著失敗。

也正是因為這樣，所以法學博士學位是十分榮耀的一個學位。哥白尼緊張地望著評審主席臺，雖然他對自己的表現很滿意，但是真正到了決定命運的那一刻，他還是十分緊張。

禮堂裡面鴉雀無聲，哥白尼的手心都開始冒汗。主席臺上，教授們交頭接耳，一會兒之後，他們對哥白尼的申請作出了決定，決定授予哥白尼法學博士學位。

從當時公證人的一段文字記錄來看，這是一次頗為鄭重的儀式。

在哥白尼萬分激動的這一刻，主考官對他宣讀：「尊貴和

博學的、來自普魯士的尼吉拉・哥白尼先生 ―― 瓦爾米亞的神甫：在波隆那和帕多瓦學習結束，批准授予教會法法學博士學位，無人反對。由上級助理教務主任先生授予。」

然後，哥白尼從自己的科學監護人、學位授予人安東尼厄斯・萊夫圖斯教授手中接過一本書，表示要把所學的知識永遠銘記在心中。

接著，學位授予人將這本書開啟。這個舉動表示考生迄今所學的知識是不夠的，應該繼續深入學習，以豐富所學知識。

隨後便是授博士帽和戒指儀式，學位授予人給哥白尼戴上一頂博士四角帽，同時把一枚象徵思想和行為純潔的金戒指戴到哥白尼的手指上。

戴上了四角帽的哥白尼顯得更具學者風度，那枚象徵思想和行為純潔的金戒指在他的手上閃閃發光。

最後一個程式是象徵和平與和睦的親吻。最後這個親吻大概是從授權或封地儀式上學來的。

於是哥白尼的這段學習以獲得教會法法學博士學位宣告結束，就這樣他履行了享受弗龍堡神甫會助學金所承擔的義務。

哥白尼獲取了這個學位，與其說是為了自己，倒不如說是為了滿足教會和瓦茲羅德舅舅的期望。他是個重感情的人，他不能讓那麼疼愛他的舅舅失望！

接受學位的儀式結束以後，哥白尼返回帕多瓦大學，繼續學習他還沒有完成的醫學。

這時他有了更多的時間用於醫學、天文學和語言學的學習，再也不用因學習法律而分心了；也可以更深入地鑽研古代哲學家和天文學家的論著，更深入地推敲他們提出的觀點。

在義大利生活期間，哥白尼進行了大量枯燥的計算工作，反覆核算了各種曆法。

出於編制曆法的需要，哥白尼翻出了編制曆法的卷宗，檢視計算著大量的天象材料。哥白尼還儲存著埃及和中國的曆法，因為是東方學者首先開始研究天文學，即天體科學的。

其次是巴比倫學者，隨後是希臘人也對星體發生了興趣。巴比倫人計算了行星運動中不同時期所用的時間，把黃道帶劃分為 12 等份，對星體進行了編組，發明了早期的天文儀器。

埃及人把晝夜劃抽成 24 個小時，確定了一定的長度，提出了各月分的名稱，發明了計算時間用的滴漏。

羅馬獨裁者凱薩在西元前 1 世紀制定的曆法純粹依靠太陽執行的陽曆。他規定每年為 365 日，每 4 年加 1 日，放在 2 月來作為閏年。可是一年的實際長度比這個法定的年約短 11 分鐘，這個差異年年累積下去，積到 128 年就會差一天。到了哥白尼的這個時代，這種誤差已經表現得很嚴重了。

在克拉科夫大學學習期間，哥白尼已經掌握了計算時間和推算日曆的煩瑣技術。在義大利大學學習期間，隨著數學知識的增長，他進一步完善了自己的計算技術。

所以，哥白尼冥思苦索，認真計算，希望在自己手下攻克這個堡壘。已經計算了多少個夜晚了，廢紙扔得一堆又一堆，還是沒有得出滿意的結果。

這個曆法的難題，直到幾十年後哥白尼發表《天體運行論》時，他的結論才成為改曆的基礎。

1582 年，教皇格列高裡才頒布了新的曆法。當時的修訂是，將 1582 年略去 10 天，以原來的 10 月 5 日改為 10 月 15 日。置閏的法則改為西元紀年能被 4 除盡之年為閏年，但逢百之年只有被 400 除盡之年才為閏年。

閏年 2 月加 1 日，這樣每 400 年內少掉了 3 個閏日，使天象與曆法在 3000 年後才差 1 日。這叫做格里曆，即現在世界各國通用的陽曆。

就這樣，在哥白尼離開大學時，他學習了三個專業，那就是醫學、天文和法律。因此他以後從事過三種工作，即醫生、天文研究，以及政治和行政工作。

求學的旅程

天文學大師

　　偉大的心胸，應該表現出這樣的氣概，用笑臉來迎接悲慘的厄運，用百倍的勇氣來應付一切的不幸。

—— 哥白尼

學成歸來擔重任

哥白尼是一位多才多藝的人。他的學識在當時可以說是最高的。他所涉獵的，除了天文學、數學和醫學之外，還包括法律、語言學和繪畫。

秋天一直以來被人們認為是金色的時光，是收穫的季節。

1503 年的秋天，哥白尼結束了在帕多瓦大學的學習。在一個陽光燦爛的早晨，他離開義大利回到了波蘭。

哥白尼斷斷續續地在義大利學習了 10 年。

在這 10 年裡，他基本掌握了當時人們所揭示的天文學的所有奧祕，並已經為自己的學說勾畫了一個整體輪廓。

哥白尼當時正值而立之年，學識的淵博使他魁偉的身材、軒昂的氣宇更增添了幾抽成熟的氣質。

哥哥安傑伊也從羅馬歸來，他也帶來了博士學位證書。

兄弟倆必須把自己在國外的學習情況向神甫會作一次詳細的彙報，並且要出示足夠的證據，說明自己作為一名享受助學金者履行學習義務的情況。

「哥哥，你怎麼了？怎麼了？」

見到闊別兩年的哥哥，哥白尼真是喜出望外，他們沒有辜負舅舅的殷切期望，載著豐碩的成果回歸到故里。

可是，他看到的哥哥卻大變樣了，原來英俊瀟灑的面孔不見了，臉上潰爛，連端正的鼻子也塌陷下去了。

「弟弟，我完了，在義大利羅馬染上了這該死的病，活下去是不可能了。我回來，就是要死在生我養我的土地上。」

安傑伊絕望倒也平靜地對哥白尼說著。

原來安傑伊身染痼疾，為了治病，又重返義大利。

他患的大概是痲瘋病，在義大利的治療沒有取得預計的效果，他的臉也因病變得很是醜陋。在義大利他沒能治癒可怕的疾病，他只好又帶著病返回到波蘭。

「莫非是得了痲瘋病？」

熟悉醫道的哥白尼怎麼也不敢下這樣的定論，可是，眼前面目全非的哥哥明顯身染重病，那痛苦萬分的樣子，的的確確就是痲瘋病的症狀啊。

在當時，痲瘋病被看成是一種令人恐怖的疾病，一旦有人患上這種病，就被認為是上帝的安排，是天命所定，就會被人鄙視和遠離。

神甫們害怕被傳染，堅決地把安傑伊踢出神甫會，並且將他封閉軟禁在一個孤島上。

安傑伊這個痛苦孤獨的人，就獨自一人待在孤島上，與世隔絕了 16 年。哥白尼經常去探望他，為他調製治病的藥劑，可

是始終未見到任何效果。

作為醫生和弟弟的哥白尼，他義無反顧地細心照料著這位踏入死亡邊緣的安傑伊。

可以想像，作為弟弟的哥白尼，他的心裡是多麼的哀傷。他的眼前總是浮動著哥哥安傑伊那痛苦的表情。

他在心裡追悔莫及，可又無濟於事。這種無可奈何的心態攪得他好些天都吃不下飯，睡不著覺，終日提不起精神來。

有一天，哥白尼正在桌案上翻看醫書，他試圖從書中找出治療痲瘋病的藥方。這時，舅舅身邊的一個神甫匆匆地趕了過來，對哥白尼說道：

「哥白尼神甫，快隨我走，瓦茲羅德主教大人生病了。」

「舅舅生病了！」

哥白尼心中大吃一驚：哥哥患上了疾病，怎麼舅舅也生病了，老天爺呀，可千萬不要再是痲瘋病啊！

時間緊急，已經容不得哥白尼多想了。他立刻抄起一本醫書，就隨那名神甫匆匆趕往舅舅的家中。

走進臥室，舅父的病容使哥白尼大吃一驚。

原來的舅舅是那麼高大健壯，威風凜凜，就像一座山似的堅實。哥白尼還清楚地記得自己在十幾歲的時候，舅舅常常把哥白尼一舉就過了頭頂。

可是，如今的舅舅就像一座倒塌的牆，病臥在床了，原來那神采奕奕的面龐顯得異常憔悴，而且面部也已經塌陷了，就像一個久病在床的老人。

哥白尼禁不住淚水盈眶，他的心情真像是被刀子捅了似的痛楚，說不清是什麼滋味。

由於哥哥的病，他的心似乎還在流血。現在，望著體弱的舅舅，哥白尼的心靈傷口又被重新抹了一把鹽。

哥白尼抹去淚痕，強作笑臉地對舅舅說：

「舅舅！我沒有辜負您的培育，已經獲得法學博士學位了。」

舅舅聽完，看著成熟而有風采的外甥，內心感到無限的欣慰。他的嘴角抽動了一下，露出了滿意的笑容：

「哥白尼，我的好孩子，你可終於回來了。」

哥白尼的眼角溼潤了，往事一幕幕地浮現在眼前。他想起自己童年喪父喪母，是舅舅含辛茹苦一手把自己帶大。想不到自己求學歸來，舅舅竟然已經病成這副模樣。

哥白尼哽咽道：

「舅舅！我在帕多瓦大學專門學習了醫學，以後就讓我給您看病吧。」

「舅舅老了，不中用了，身體有點老毛病是正常的。只是哥

白尼，舅舅現在需要你的幫助，你能幫幫我嗎？」

「舅舅！您可千萬不要這麼說。如果沒有您的培育，哪裡會有我的今天，說不定我早就餓死了。有什麼我可以做的，您儘管對我說。」

哥白尼不忍心舅舅這麼大年紀了還為瑣事操心，十分恭順地應承道。

「哥白尼，你是一個單純的孩子，舅舅本來不該讓你置身這是非之地。可是舅舅現在的確是年紀大了，主教的工作也越來越難做了。最主要的是，我身邊缺少一個可以信任的人來協助我料理教區的事務。你願意作為主教的祕書兼醫生留下來幫舅舅一把嗎？」

舅舅讓外甥坐在他的床邊，用商量的口吻對哥白尼說道。

哥白尼堅定地說道：

「只要您認為我能夠勝任，我當然願意，舅舅！」

瓦茲羅德主教向弗龍堡神甫會提出自己的願望，希望解除他在主教區首府坐班辦公的義務，並任命哥白尼擔任他的隨從神甫和醫生。

神醫的救濟傳奇

說真的，哥白尼很願意在舅舅身邊開始他的教職員作，這樣可以常常得到舅舅的指點，而且能給舅舅當醫生，哥白尼的醫學知識正可以學以致用。

更重要的是，哥白尼需要有一段時間來整理他在義大利學習期間所收集到的大量的天文學數據，並總結自己的研究成果，在舅舅身邊，才能有自由支配時間。所以，哥白尼毫不猶豫地答應了下來。

為瓦爾米亞主教這樣高貴的人物擔任私人醫生，使哥白尼成了這一地區最有名氣的醫生之一。

在 15 世紀，作為醫生的哥白尼，他的知名度要遠遠超過作為天文學家的哥白尼。

這一方面是因為哥白尼是瓦爾米亞主教這位高層人物的私人醫生，另一方面是因為他的醫術在當時確實是比較高超的。

哥白尼不僅是舅舅的私人醫生，也是舅舅的祕書、顧問和心腹。舅舅常常把最複雜和最棘手的問題交給他去處理。

哥白尼樂於為所有患者治病，不管其貧富和門第如何。他關心窮人的疾苦，免費為他們看病，有時甚至還主動送藥給他們。

　　與此同時，也有許多知名人士慕名到哥白尼這裡求醫。請哥白尼治病的知名人物，除舅舅外，還有瓦爾米亞主教的繼承人盧茲揚斯基、著名的人文主義者丹蒂謝克、海烏姆諾主教鐵德曼等。

　　1512 年 2 月 8 日，哥白尼陪舅舅到克拉科夫參加了齊格蒙特‧斯塔雷國王與匈牙利的公主扎波姚‧鮑爾鮑勞的結婚典禮。

　　在豪華隆重的婚禮上，哥白尼見到了五彩的鮮花，美麗的皇后和全國的達官貴人，這些都給他以新鮮、激動和振奮的衝擊。因為作為教會的人，是不能結婚的。

　　越得不到的才越顯得珍貴，何況是舉國歡騰的國王婚禮呢！

　　但是就在這個關鍵性的時刻，主持婚禮的提卡斯主教突然昏倒了，只見他四肢抽搐，口吐白沫，樣子很嚇人。

　　「快找醫生！快找醫生！」

　　在場的人都很驚慌，求救聲傳遍了禮堂。國王和他那披著婚紗的新娘手足無措地站在他旁邊。

　　哥白尼雖然從未碰到過這種情況，但他並沒有驚慌，他沉著地解開了主教的衣服，指揮人把主教抬到了床上，隨後便開始進行搶救。

　　在場的人都以為主教沒救了，可是哥白尼居然使主教又醒了過來。

「哥白尼，你真是神醫啊。」

人們紛紛誇讚道，就連國王和皇后也都為哥白尼高超的醫術所折服。從那以後哥白尼更是名聲大振，慕名找他看病的人更多了，其中很多都是當時的知名人士。哥白尼作為一名醫生的聲望已經超出瓦爾米亞地區，甚至也超出了波屬普魯士的疆界。

阿爾布雷希特大公曾經向弗龍堡神甫會提出請求，希望能把哥白尼派到大公的首府克魯萊維茨去。

為了給自己患病的朋友普魯士大公看病，醫生天文學家哥白尼不得不乘馬車奔波往返。

盛名之下的哥白尼並沒有因此而忘乎所以。作為一個醫生，他最大的特點便是對病人極其負責。

赫爾斯堡的主教費貝爾患心絞痛和風溼痛，哥白尼專程前去為他治療。但是療效總是不明顯，於是哥白尼便約了其他內行的醫生一起會診。

從 1529 年至 1537 年間，哥白尼不斷地尋找有經驗的醫生進行會診，後來先後聽說普魯士公爵的私人醫生和波蘭國王的御醫在治療這類病上有高招，於是又趕緊寫信求教。

哥白尼對醫學理論有很大的興趣，為了不斷豐富自己的醫學知識，他購買了大量醫學書籍。

不管是富人還是窮人，都很喜歡哥白尼。因為他的心地總是那麼善良，無論是誰有了困難，他都會伸出救援之手。

據傳古希臘有個救苦救難的神醫叫做阿卡拉斯，人們感激涕零，便把哥白尼稱為「阿卡拉斯第二」，可見對他的愛戴之心。

解決糾紛的智慧

舅舅瓦茲羅德需要哥白尼做他的醫生，但首先是做他的顧問和同事。烏卡什主教是一位有學問的人，同時也是一位成熟而富有熱情的政治家。

哥白尼留學回來的時候，普魯士的政治局勢正十分複雜。在這種情況下，瓦爾米亞主教區管理人的處境就更加艱難。他管理的地區對波蘭來說無論從經濟角度還是從策略角度看，都是很重要的。

哥白尼在舅舅身邊，除了行醫，更多的是處理教務上的事。當時，瓦爾米亞正處於困難時期，一直覬覦瓦爾米亞的十字軍騎士團正在尋找機會，企圖把它攫為己有。

當時瓦爾米亞的內部問題也很複雜。在這種情勢下，哥白尼沒有多少時間能夠安靜地從事科學研究工作。他必須為舅舅出謀劃策，幫助舅舅解決各種棘手的政治問題、法律問題和經濟問題。

　　瓦爾米亞原屬普魯士的一部分，反對十字軍騎士團的 13 年戰爭結束之後，根據《托倫和約》於 1466 年併入波蘭。

　　這個地區被稱為波屬普魯士，因為它直接受波蘭國王管轄，它與普魯士的東部地區不同。

　　東部地區先被稱做十字軍騎士團普魯士，後稱普魯士公國，成為波蘭封地。此後又在這塊封地上建立起一個強大的普魯士王國。

　　但瓦爾米亞仍是一個獨特的行政區域，它是普魯士最大的主教區。十字軍騎士團從波蘭手中奪走了格但斯克沿海地區和庫雅約的一部分，並把自己征服的地區劃分為四個主教區。

　　這四個教區是波梅扎尼亞主教區、瓦爾米亞主教區、桑比亞主教區和海烏姆諾主教區。

　　四位主教每位都只掌管主教區的三分之一地區，其餘地區歸騎士團所有，而主教的權力也只是宗教性質的。

　　正因如此，騎士團的騎士們和瓦爾米亞的主教及神甫之間不斷發生衝突。

　　從 1479 年起，瓦爾米亞的主教同時擔任了王國的參議員，向波蘭統治者宣誓效忠，所以，瓦爾米亞成了波蘭的一部分。

　　瓦爾米亞像一座半島一樣，三面被十字軍騎士團國家所包圍，來自十字軍騎士團的威脅明顯加劇。

騎士團的大首領弗裡德里希‧薩斯基破壞《托倫和約》的規定，拒絕向波蘭統治者宣誓效忠，並要求把波屬普魯士併入騎士團領地。

這期間羅馬-德意志國王、後來的皇帝馬克西米連一世企圖把格但斯克和埃爾布隆格的司法權和稅收權交給德意志帝國掌管。

哥白尼輔佐舅舅管理教務後，才逐漸了解到主教舅舅並不順心，他處於進退維谷的兩難境地。

首先，國王卡齊米日‧雅蓋隆契克一直伺機要搞掉他不喜歡的這位主教，而瓦茲羅德舅舅是一位精明的政治家，他從不給國王以可乘之機。

主教繼承了自己家族反抗十字軍騎士團的傳統，這樣，十字軍騎士又對他恨之入骨。

哥白尼與舅舅一道參加了反十字軍騎士團的活動，這使十字軍騎士團從哥白尼出現在利茲巴克的頭幾年就開始注意他了。

威廉‧馮‧艾森貝格爾在一篇嘲諷瓦爾米亞主教的文章中絲毫也沒放過主教的這位外甥。

哥白尼了解了一些教會的祕密後，熟悉了自己以後開展活動的地區，懂得利用自己的閱歷和知識來解決宗教事務以及世俗事件。

　　1504 年的新年，哥白尼是伴隨舅舅一起度過的，他們參加了在馬爾堡市政廳舉行的普魯士各界代表會議。

　　會議持續了 4 天，國王的特使參加了會議。特使要求普魯士各界派使臣到彼得庫夫，在 1504 年 1 月 21 日舉行議會會議期間向國王宣誓效忠。

　　時間已經不多了，到彼得庫夫去的路程還要花費幾天時間。瓦茲羅德主教領導的普魯士各界還有許多具體事情要做，由於缺少小城鎮代表，還要再召開一次擴大的代表會議。

　　於是在 1 月 18 日又在埃爾布隆格召開了一次代表會議，瓦茲羅德主持了這 4 天會議。這次會議作出了許多對該地區具有重要意義的決定。

　　時間如流水一般很快流逝，要準備一個代表團到彼得庫夫議會去宣誓效忠已經來不及了。於是決定派兩名普魯士貴族作為特使去說明推遲宣誓效忠的原因，並請求國王親自駕臨普魯士，了解當地的各種急迫問題，實施改革。

　　隨後有兩個月，哥白尼參加了緊張的迎接國王的籌備工作。當時的整個普魯士，甚至整個波蘭都注視著哥白尼的故鄉托倫，因為國王來訪的主要儀式要在那裡舉行。

　　1504 年 3 月 21 日，瓦茲羅德主教從利茲巴克來到托倫。哥白尼如果不是為督辦籌備工作提前到了托倫的話，就要陪同

舅舅一起去。國王亞歷山大‧雅蓋隆契克偕夫人海萊娜王後於4
月2日來到托倫。

　　伴隨國王和一些傑出政治家巡視波屬普魯士，這使哥白尼有
機會直接接觸該地區最重大的問題，並了解了他們的解決辦法。

　　這3個月，哥白尼了解了波屬普魯士的重要法律和制度情
況，也明確了全國的利益所在。這使他認識到，同波蘭保持和
加強不可動搖的聯繫是重要的和必要的。

舅舅瓦茲羅德的逝世

　　哥白尼除了處理公事以外，還要幫舅舅處理私事，併成功
地調解了瓦爾米亞主教和格但斯克市民之間的衝突。

　　在舅舅身邊的這段日子，由於公務繁忙，哥白尼只能利用閒
暇時間來對天體進行觀測，可以從事天文研究的時間是很少的。

　　擺脫了一天來冗繁的工作後，夜晚的時光才屬於哥白尼自
己。他的思維馳騁於《天體運行論》的書稿中。

　　為了不引起麻煩，他封閉保護著自己的創見，除了幾位最
親密的朋友，誰也不知道。

　　大約在1507年，哥白尼開始撰寫自己的第一篇天文學論
文。在這篇論文中，他開始勾畫出自己學說的雛形。但是因為

政事繁忙，這篇論文的寫作一直斷斷續續。

哥白尼在利茲巴克觀測了月食，豐富了他多年累積起來的有關星際現象的知識。

1509 年 6 月 2 日，哥白尼對即將出現的月食作了預測。這對他的理論發展非常重要，因為這次月食同托勒密觀測的月食非常相像。

這使哥白尼有可能對希臘天文學家的觀點加以驗證。在哥白尼的一生中僅此一次，以後再也沒出現這種觀測機會。

自從這次月食觀察以後，哥白尼對於自己的天文學論文就更加充滿信心了，他下定決心要將這篇論文完完整整寫出來。

可是要寫下這麼一篇學術性質的論文，牽涉到的時間和精力可就太多了。思考再三，哥白尼還是覺得這件事情應該先和舅舅商量一下。

「什麼？你要寫日心說？不行，這絕對不行！哥白尼，你腦子犯傻了嗎？你自己也是教會的神甫，教會的勢力有多強你不知道嗎？和教會作對，會是一個什麼樣的下場，難道你還不了解嗎？」

瓦茲羅德一聽哥白尼想要寫宣傳日心說思想的論文，就堅決反對。他是教會的主教，對於教會的勢力，瓦茲羅德是心知肚明的。

哥白尼是他最疼愛的外甥，瓦茲羅德不可能讓哥白尼冒這麼大的危險去從事這項工作。

再說，哥白尼在政治上也很有天賦，雖然才做了幾年的祕書，但是已經有人評價說哥白尼會是一個傑出的年輕政治家。只要他再培養指點一下，哥白尼在政治上完全能夠有所作為。

而從事日心說宣傳工作，那可就是和教會對立，是要進監獄的。

「舅舅！我不怕！我相信正義一定能夠戰勝邪惡。我喜歡的是天文學，並不是政治，你怎麼就不明白呢？」

哥白尼據理力爭，他並不想就此妥協。對於天文學，哥白尼是發自內心地喜歡。為了這項偉大的事業，哥白尼足足準備了十幾年，現在他覺得到了應該將自己的理論寫出來的時候了。

「哥白尼，你如果再一意孤行，就給我離開這裡！」舅舅十分生氣，哥白尼的叛逆讓他心中十分憤怒。

「走就走！」哥白尼也憤怒了。這個執著的天文學家頭一次對舅舅大為不滿，他回頭就收拾行李離開了利茲巴克，搬回自己在弗龍堡的住處，並在那裡度過了 30 多年。

吵架歸吵架，但是哥白尼在心底裡還是十分敬重自己的舅舅的。雖然搬到了弗龍堡居住，哥白尼經常派人打探舅舅的身體狀況，並且時常派人送一些藥品過去。

　　1509 年，哥白尼還出版了他的第一部作品，將希臘作家泰奧菲拉克特・西莫卡塔的作品《風俗、田園和愛情信札》譯成了拉丁文。

　　為了感謝舅舅，哄舅舅開心，哥白尼將一本題上字的精裝書奉獻給他，並洋洋灑灑地寫下了以下的心理話。

親愛的舅舅：

　　最值得尊敬的先生和祖國之父，希望您在看到這本書的時候，對我的怒火能夠平息一些。

　　我深深地感到那位西莫卡塔把自己的風俗數據、鄉村通訊和愛情信札收集起來，大概是出於這樣一種考慮。

　　我認為沒有什麼能比多樣化更吸引人了，不同智力的人在不同的事物中得到樂趣，一部分人被嚴肅的重要事物迷住，另一部分人則被輕鬆愉快的事物所吸引。

　　有人接受冷靜話語的誘惑，也有人正迷戀於童話故事，真乃各有所好。就像在百花園中採摘鮮花一樣，每個人都能找出自己最喜愛的東西。

　　為此認為只有希臘人才能讀這本書，那是不公道的。懂拉丁文的人對這本書了解得太少，於是我盡力把它譯成了拉丁文。

　　最親愛的舅舅，我向您奉上這個小小的禮物，不成敬意。這同您的恩惠是無法相提並論的。

然而，每當我付出努力或者我的微薄能力取得什麼成果的時候，我總是想，這一切都應該歸功於您。

永遠愛您敬重您的哥白尼

瓦茲羅德讀著外甥的信函，不禁老淚縱橫。他並不是真的就那麼生外甥的氣，外甥和舅舅之間又有什麼解不開的疙瘩呢？他是在替哥白尼擔心，因為他踏上的是一條充滿危險的坎坷之途啊！

如果是在瓦茲羅德年富力強的時候，他還能夠照應哥白尼，但是現在，他的身體已經支撐不到那個時候了呀！

1512 年 3 月 23 日，瓦茲羅德主教在溫奇查突然患病，而且病得很重。3 月 26 日，瓦茲羅德被送回故鄉托倫。

教堂裡的燭光搖曳，似乎象徵著瓦茲羅德舅舅即將燃完的生命之火。

幾位著名的醫生都圍攏在他的周圍搶救，瓦茲羅德睜開疲憊的雙眼，好像在尋找著什麼，嘴張了幾張，呢喃地叫著他鍾愛的哥白尼的名字。

哥白尼連忙抓住舅舅的枯瘦的雙手，急切地說道：「舅舅！舅舅！我在這裡。」

病床上的舅舅，已經奄奄一息了，他用虛弱的聲音說道：「哥白尼……舅舅不行了……我要去見上帝了。你不要再生舅舅

的氣了……舅舅是……是為了你好……」

「舅舅！你不要再說了，都是我不好，不該任性一個人跑到弗龍堡去。在你最需要我的時候我卻不在你身邊，我太自私了。舅舅……」

哥白尼緊緊拉住舅舅的雙手，泣不成聲。

哥白尼多麼想要用自己的醫術挽救舅舅的生命啊，可是死神已經在召喚他了，一切都是徒勞。

終於，舅舅懷著最後的留念閉上了眼睛。1512 年 3 月 29 日，烏卡什·瓦茲羅德主教因病去世，享年 64 歲。

20 年來，是舅舅像親生父親一般撫育培養了哥白尼，雖然他同哥白尼之間發生過衝突，但他的死不能不對哥白尼產生巨大影響。

雖然哥白尼還有一位哥哥，但哥哥身患不治之症，已經被瓦爾米亞神甫會開除了，在舅舅去世之後不久，他也離世了。

星際重合的觀測

弗龍堡是一座美麗的濱海小城，城的中間有一個堅固的高崗，弗龍堡教堂就建立在上面，顯得十分的巍峨莊嚴。高崗四周，有高大結實的城牆，拱衛著弗龍堡大教堂的安全。

舅舅死後，哥白尼花錢買下了一處塔樓，就位於城牆的西北角。

哥白尼非常喜歡這種北歐建築風格的建築，最上層的窗戶，向四面八方敞開，就可以觀測天象，而平臺最適宜作露天觀測。

哥白尼把這裡當成了工作室，在塔樓裡安裝了視差儀、象限儀和星盤等，用塔樓來觀測太陽、月亮和星星。

塔樓的環境十分幽靜，自從舅舅死後，哥白尼原來擔任主教祕書時期所需要的應酬幾乎全部推掉了。這裡只有到了節日，才能聽到鐘聲。

沒有人來打擾自己，哥白尼顯得十分開心，這樣的話，他就有時間和精力專心地研究天文學了。

以前舅舅在世的時候，阻止哥白尼寫作關於日心說的論文，現在舅舅已經死了，誰也管不住哥白尼，哥白尼決定要將心中的想法全部寫出來。

但是哥白尼是一個嚴謹的學者，儘管日心說在他的心中已經有了雛形，但是他本人還是覺得缺少足夠的事實來證明，所以哥白尼一直祕而不宣。他還要繼續研究，收集證據。

弗龍堡緯度偏北，行星常出現在地平線上，很難觀察，又加上它靠海，氣候陰溼多霧，星星看上去影影綽綽的，非常模

糊，容易造成誤差。

只有在嚴寒的冬季，天空才晴朗起來，因此哥白尼的觀察常常是在冬天進行。

海上的風一陣陣吹來，氣溫在零度以下，雖然穿著厚厚的皮袍，可寒風還是肆無忌憚地從袖子裡、頭頸裡鑽進來，使人覺得陣陣寒意。

哥白尼常常在這樣的環境中通宵達旦地工作著。手凍僵了，沒辦法使用儀器了，他就放在嘴邊吹吹，或伸到胸口裡暖暖。

在這天寒地凍的晚上，這一點點暖意是多麼可貴啊！

早在 1506 年，當哥白尼從義大利回到波蘭時，他發現波蘭全國正籠罩在一種恐怖的氣氛之中。那年天空將 4 次出現土星和木星「會合」的奇異現象。

教會預告了 4 次會合的時間，並說這是上天對世人的一個嚴重警告；世上將出現一個冒牌的先知，洪水和瘟疫也將接踵而來，國家的崩潰指日可見。

教會散布這樣的謠言是有目的的。天空一向是教會敲詐勒索的搖錢樹，這一次也是如此。

當時教會發行了許多所謂的「贖罪券」，派人四處宣揚，誰出錢購買贖罪券，就可以在最後的審判時獲得赦免權，不會因

為生前犯有錯誤而遭到下地獄的懲罰。

當時赫赫有名的宗教裁判所裁判官鐵哲耳就曾經這樣說過：「銀錢投入聖櫃，靈魂升入天堂。」

哥白尼對於這個「兩星會合」的現象很感興趣。經過仔細研究和計算，他發現教會的預言有明顯的錯誤，就準備繼續觀察，用事實來揭穿教會的謊言。

一眨眼之間，六七年的時間就過去了，而哥白尼所要追尋的真相卻還沒有著落。

在一個天朗氣清、星辰璀璨的晚上，哥白尼經過精密的研究，發現這是一個不同尋常的日子，預測到這是第四次土星和木星重合的日子。

「篤，篤，篤……」哥白尼聽到了敲門聲。這個時候來的多半是他的愛好天文學的志同道合的好朋友。

哥白尼一開啟門，就看見一個年輕人走了進來。他叫鐵德曼，也是一位神甫，是哥白尼的摯友之一。

鐵德曼比哥白尼小 7 歲，原籍是格但斯克，他的父親曾任格但斯克市長。在萊比錫大學學習時鐵德曼加入了波蘭同鄉會。

1504 年，鐵德曼升為海烏姆諾主教。由於國王齊格蒙待的支持，他又登上了瓦爾米亞主教的寶座。他是瓦爾米亞傑出的人文主義者之一。

　　鐵德曼了解哥白尼，也了解他的天文事業，和哥白尼一樣對天文學非常有興趣，因此兩人結下了非常深厚的友誼。

　　「哥白尼，你猜我給神甫會帶來了什麼？」

　　「什麼呢？」哥白尼望著朋友透著幾分狡黠而興奮光澤的眼眸，不解地問。

　　「你等著，我給你拆包看看！」

　　鐵德曼拆著包，拆到一半，露出了裡面的東西。哥白尼的眼睛閃動著喜悅的光輝，大聲說道：「我知道了，是一個太陽鍾。」

　　哥白尼高興得像小孩子似的。

　　「別忙，還有呢，你再看看這個。」鐵德曼像故意吊哥白尼的胃口似的，不慌不忙地說。

　　「哇，這是觀察晝夜平分時的儀器，真是太棒了！知我者鐵德曼也！」

　　哥白尼恨不得擁抱他的朋友，但是，想到神甫的身分，他又忍住了，只是向朋友投來感激的一笑。

　　「根據我的演算，今天我們可以觀測到第四次土星和木星重合。教會也宣布過重合的日期，卻是在一個月之後！」哥白尼說。

　　「是嗎？這太妙了！」鐵德曼非常崇拜哥白尼，他對哥白尼

的預測是堅信不疑的。

漆黑的夜空，繁星點點。哥白尼冒著深秋的寒風，凝視著那兩顆正在接近的行星。

哥白尼和鐵德曼邊說邊等待著奇妙天象的出現。啊，激動人心的時刻終於來臨了，木星和土星這兩顆行星漸漸走到了一起，不分彼此，成了一顆星。

哥白尼高興得叫了起來，他趕緊記下了這次天象出現的時間和在天空中的精確方位。

事實證明哥白尼的推算是正確的。而教會預報的第四次會合的日期是錯誤的，它比哥白尼所推算的足足晚了一個月。

哥白尼並沒有直接駁斥教會散布的謬論，但他用事實證實了教會的言論是靠不住的。

這一次的土星木星重合時間的推斷和觀察更加堅定了哥白尼的信心，他要用自己的事實，來打破教會禁錮的這個天文學世界！

為了給自己的日心說提供充足的證據和有價值的材料，就是在弗龍堡塔樓上，哥白尼開始對天象進行了數不清的觀察。

哥白尼觀測的內容十分廣泛，對日食、月食、火星衝日、金星衝日、黃道和赤道交角、春分點移動等 50 多種天象都作了觀測，並且做了詳細的記錄。

　　比起今天先進的天文觀測儀，16 世紀時期的哥白尼所使用的儀器不知道要簡陋多少倍。但是哥白尼所得出的結果，卻是十分精確的。

　　比如說，哥白尼透過對數據的計算，得出一年的時間是 365 天 6 小時 9 分 40 秒，比起今天的數據來說，誤差只有 30 秒。

　　又比如說，哥白尼得出的月球到地球的平均距離為地球半徑的 60.30 倍，而現在的精確值為 60.27 倍。

　　透過觀察，哥白尼精確地計算出了太陽直徑同圍繞太陽旋轉的行星直徑的比例，精確地確定了那些行星圍繞太陽旋轉一周的時間。

　　根據哥白尼的計算，土星圍繞太陽旋轉一周的時間是 30 年，現在測得的實際時間是 29 年又 167 天；木星旋轉一周是 12 年，而現在測得的數據為 11 年又 315 天；金星旋轉一周為 270 天，現在測得的實際時間為 225 天；水星旋轉一周為 80 天，現在測得的時間是 88 天。

　　幸運的是，哥白尼抄錄在圖書邊緣或黏貼在書中的許多觀察筆錄被儲存下來了，現在放在他的紀念館裡。

　　這些記錄不僅記下了寶貴的天文數據，也錄下了哥白尼這位勤奮的天文學家在科學之路上不畏勞苦攀登高峰的足跡。

建立天體運動假設

大量的觀測和計算豐富了哥白尼的理論，也有力地證實了「地球在圍繞太陽執行」這個學說的正確性。

哥白尼決定開始進行一項重大而有意義的工作。

他把醞釀已久的天文學論文，先抽出其中的基本論點充分地表述出來，這也是哥白尼撰寫的第一篇天文學論文。

大約在 1515 年前後，哥白尼曾以書信的形式，將這篇論文寄給了自己的朋友和自己熟悉的天文學家。

這篇論文開頭的一句話是：

「尼古拉·哥白尼淺說自己提出的關於天體運動的假設。」

後人就把這篇論文的名字簡稱為《淺說》。

《淺說》的訊息不脛而走，幾乎傳遍了整個歐洲。

哥白尼在這篇《淺說》中以概括的方式，分為幾點扼要地闡述了他「日心說」的基本思想：

一、不存在一個所有天體及其軌道的中心點。

二、地球中心並不是宇宙的中心，地球只是重心和月球軌道的中心。

三、所有的天體都是圍繞著作為自己中心點的太陽而運轉，因此太陽位於宇宙中心附近。

四、地球到太陽的距離同天穹高度比較而言，就如同地球半徑
　　同地球與太陽間距之比一樣渺小。

　　地球到太陽的距離同天穹高度之比是微不足道的。

　　這就是說，地球繞太陽公轉所造成的觀察角度的變化，被
　　稱為視差位移，它同觀察者與天穹、也就是觀察者與各行
　　星的距離相比，簡直太小了，所以這個變化很難被發現。

五、在天空中看到的所有天體的運動，都是由地球自己的運動
　　造成的。因為地球連同環繞它的自然要素一道，每 24 小時
　　圍繞對天空來說不變的兩極連線旋轉一周。

六、使人感到太陽在運動的一切現象，都不是太陽的運動產生
　　的，而是由地球及其大氣層的運動造成的。

　　地球帶著它的大氣層，像其他行星一樣圍繞太陽轉。由此
　　可見，地球同時進行幾種運動。

七、人們看到的行星向前和向後的運動，都不是行星自身的運
　　動，而是由地球自身運動使人產生的錯覺。

　　地球運動的本身可以解釋人們在天空中觀察到的各式各樣
的天象。

　　接著，哥白尼又詳盡描述了太陽和月球的視運動，然後描
述的是土星、木星、火星以及金星和水星的視運動。

　　《淺說》是用這樣兩句話作為結尾的：

「這樣，水星總共沿七個圓運轉，金星沿五個圓運轉，地球沿三個圓運轉，月球圍繞地球沿四個圓運轉。而火星、木星和土星各沿五個圓運轉。因此，總共有 34 個圓就足以說明整個宇宙的構造和行星所跳的全部舞蹈了。」

哥白尼在《淺說》中有力地抨擊了托勒密的理論。

托勒密的理論認為，地球才是宇宙的中心，所有的天體包括太陽，都是圍繞著地球來運轉的。

這一抨擊同時也是對以托勒密地心說為基礎的世界觀和哲學體系的抨擊，使星占術失去了存在的意義。

星占術是透過觀察天體運動來預測未來的，曾被人們看成是一種「科學」的理論。

前面所述的第三點和第七點是哥白尼日心說的基本含義。

《淺說》中又提出，地球每晝夜圍繞自己的軸心旋轉一周，每年圍繞太陽旋轉一周。

這個嶄新的理論無疑是驚人的。

然而更令人吃驚的是，哥白尼這一驚人發現竟然是藉助相當簡陋的儀器來實現的，它們主要是象限儀、三角儀和捕星器等。

象限儀不過是用木板做成的一個正方形，板上繪製了四分之一的圓弧，在圓心處釘上一條細棍，用於觀測太陽的位置，主要是測量太陽正處在中天時的高度。

三角儀是用三根活動的尺子構成的，用於觀測月球。

捕星器是由六個擺放在相應位置上的帶有刻度的圓環構成的，它是哥白尼用來測量月球與行星的位置及角度的工具。

哥白尼把《淺說》認真地抄寫了好幾份，然後寄給自己的知心朋友和自己熟悉的天文學家。

他希望得到他們的呼應和支持。不管反應的結果是對還是錯，哪怕有點聲音也好啊！

但是，在當時的大環境下，在當時的理論觀念下，他是注定要失望的。他得到的只是一片悄無聲息的沉默。

原因很清楚，因為贊同哥白尼就意味著向教會的權威發起挑戰。

在當時，宗教裁判所遍布歐洲，只有為數極少的幾個國家沒有這種實行思想專制的機構。

火刑柱令人怵目驚心地矗立在許多廣場上，使人歷歷在目地回想起那些所謂「異端者」在受刑時的可怕景象。

是的，當時的歐洲已經擺脫了中世紀的漫漫長夜，迎來了文藝復興的曙光。

可是黎明前的黑暗仍然沉重地籠罩在歐洲大地上。

沒有人敢違背以教會權威和以《聖經》論述為支柱的公開理論來承認哥白尼的成果。

　　所有人都保持完全的緘默。也可能有人在內心裡承認哥白尼是有道理的，但嘴上卻不敢多說什麼。

　　在著名編年史家和歷史學家、哥白尼的同事馬切伊·米耶霍維塔所做的圖書目錄中，儲存有這樣一個條目：

　　「關於行星理論的筆記，該理論認為地球在運動，而太陽原地不動。」

　　毫無疑問，這裡說的筆記就是《淺說》。可是在這裡，他竟然連哥白尼的名字都不敢提，可見當時的思想禁錮達到了一種什麼樣的程度！

　　每當想到這些，哥白尼就禁不住黯然神傷。

　　鐵德曼看著這位憂傷的朋友，看著他細長的眼眸裡流露出的目光。是那樣的哀怨，那麼的憂鬱，似乎總是籠罩著一層厚厚的陰雲。

　　他輕輕地拍拍哥白尼的肩頭，擲地有聲地說：

　　「親愛的朋友，振作起來！真理是太陽，烏雲是遮不住的！」

　　「知道，我知道，人的天職在於勇於探索真理。我是百折不撓的。」

　　《淺說》作為哥白尼的早期作品，也存在著明顯的不足。《淺說》中的新理論都是用假設的方式提出的，缺乏令人信服的證據。

其中所設想的天體執行的模型所用的數據都是取自前人的著作，主要是阿拉伯國王阿方索十世的。這位國王曾經組織了一批天文學家於 1252 年編成了《阿方索表》。所以說這並不是哥白尼自己觀察的結果。

哥白尼這位嚴謹的、有遠大抱負的天文學家當然也認識到了這些缺陷。他決心用長期艱苦的努力來編撰一部更為完整、更加成熟的論著。

但是隨著時間的推移，《淺說》在歐洲越來越引起了人們的注目，並引起了截然不同的反應和爭論。

《淺說》也為哥白尼贏得了一位最忠誠的學生，他就是威丁堡的數學家、天文學家和醫生耶日·約阿希姆·馮·勞亨，又稱雷蒂克。

雷蒂克在了解了《淺說》的內容以後，決定親自結識一下作者。

於是，1539 年，雷蒂克親自來到了弗龍堡。他在此待了兩年，了解了哥白尼學說的基本內容。

也正是雷蒂克說服哥白尼出版了《天體運行論》一書，才為迷霧籠罩的中世紀撕開了一條裂縫，讓太陽的光芒透過這條裂縫，照亮了大地！

任教會行政職務

1510 年 11 月至 1513 年 11 月，哥白尼擔任了神甫會辦公廳主任。這是一項很高的行政職務。他的職責是負責編寫給波蘭國王和十字軍騎士團的信件，為各種正式檔案加蓋印章，監督神甫會的帳戶。

1512 年，哥白尼還管理過食品供應，即負責監督麵包廠、啤酒廠和磨坊的工作，以及神甫們日常食品的分配。

1516 年，患病的神甫蘇赫滕向神甫會提交了傳統的工作報告後提出辭呈。神甫會接受了他的辭職請求。

然後，透過投票表決選舉哥白尼接替蘇赫滕的職務。這是對哥白尼的莫大信任。

哥白尼管理神甫會財產一直至 1521 年 6 月，中間只間隔很短一段時間。

擔任神甫會財產管理人，要承擔許多經濟義務和行政義務，要掌管瓦爾米亞的兩個地區，即奧爾什丁地區和皮耶寧日諾地區的經濟和收入。

擔任這一職務的人可以毫不費力地利用職權為自己撈取可觀的資本，在當時這是常見的現象。為此人們總要選舉特別信得過的人擔任這一職務，希望能有一個有能力的好管家。

神甫會章程規定，新當選的財產管理人要進行專門的宣誓：「保證如實地向神甫會報告奧爾什丁和皮耶寧日諾兩個地區的所有收支帳目。」

與此同時採取了許多監督性措施，旨在把營私舞弊和貪汙的可能性減少到最低限度；儘管如此，仍不能徹底杜絕。未經神甫會同意，管理人不得出售糧食，但卻可以「憑良心」去做林木買賣。

管理人有權對奧爾什丁和皮耶寧日諾地區受神甫會統治的所有人，其中包括住在這裡的貴族，行使審判權。也有權罷免奧爾什丁和皮耶寧日諾的兩座城堡的司令官。

此外，有義務對司庫和其他掌管財務的人實行監督。管理人的工作主要是經濟性的，為此他必須解決有關農村生活的所有問題，其中包括安置新移民、確定納稅標準等。

哥白尼掌管的地產範圍遍及奧爾什丁佃戶區的 34 個村莊和皮耶寧日諾佃戶區的 67 個村莊。

此外還管理著位於這片土地上的兩座城堡，並負責維護兩座堡壘的防禦效能，為此承擔一些軍事防禦任務。

作為行政管理人，哥白尼的辦公地點就設在奧爾什丁城堡，該城堡位於奧爾什丁城西北部的韋納河畔。奧爾什丁城堡連同這座建有堡壘的城市，是當時整個瓦爾米亞防禦最好的要塞。

　　哥白尼是一位一專多能的人。在弗龍堡一帶，人們都知道哥白尼是神甫，也是神醫。

　　村裡有人病了，就來找哥白尼診治，其中大多是貧苦的村民。因為哥白尼不但不收費，甚至連藥費也賠上。大家看哥白尼不光是醫術精湛，而且平易近人，樂善好施，都十分感動。尤其是那些被治癒的病人更是感激不盡，他們熱淚盈眶地說：「哥白尼大人，您真是一位大好人，我們怎樣感謝您才好呢？」

　　哥白尼微微一笑，回答說：「我不是什麼大人，我與你們一樣，是普普通通的人。我學習了知識，就要報效人民，這是我的光榮與幸福。而且，由於我的父親就死於一場瘟疫，所以，我對病人就特別同情。」

　　在弗龍堡附近有一條烏巴達河，過去，夏季暴風雨一來，河水猛漲，氾濫成災。哥白尼來到這裡之後，就建議在河裡築壩，裝上閘門，並在河旁再修一條運河。把水引到山腳下，然後用鐵鏈掛油簍將水提到山上的水塔上去，再安裝水管，把水送到千家萬戶。

　　這是哥白尼親自設計的。百姓們知道了甫提多高興了，大家興高采烈地幹了幾個月，完成了這項與大家的切身利益相關的水利工程。

　　全城百姓都從裝好的水管中吃到了清甜的水。從此，兩岸

百姓不再懼怕河水肆虐。

湍湍的流水還可以推動磨坊裡的水車磨麵粉、榨油。人們看到哥白尼如此的恩德，都從心眼裡敬重他。

哥白尼不但是一名優秀的醫生，同時也是一個出色的貨幣專家。當時波蘭一度發生了嚴重的貨幣危機，為了追求利潤，有些製造商往往隨意減少貨幣中的貴金屬含量，致使偽幣大量充斥市場。

據統計，流通在波蘭市場上的偽幣有 17 種之多，通用的錢幣不斷貶值，物價飛漲，人心惶惶。

所謂偽幣，是指重量或貴金屬低於表面價值的錢幣。偽幣流通，其結果是價值較高的真幣在市場上越來越少。

因為有人將真幣作為儲藏金錢的好方法而大量囤積，有些人則將它運往國外重新熔鍊製造出更多的偽幣。

這便是偽幣驅逐真幣的規律。這個規律一直是以 16 世紀一個英國經濟學家格雷欣的名字來命名的，因為是他首先發現了這個規律。

哥白尼運用他的數學知識和經濟理論。在 1517 年，他曾寫了《深思熟慮》的論文，後來為了讓更多的人了解這篇論文，哥白尼把它從拉丁文譯為德文，題目也改得更通俗，叫《造幣方法》。

在《造幣方法》一文中，哥白尼提出了一種遠遠高於當時水平的貨幣理論，為波蘭的貨幣改革指明瞭方向。

哥白尼曾一針見血地明確指出：「最大的犯罪和無法彌補的過錯是國家統治者、管理者或者其他愚昧之人想從造幣事業上謀取好處，於是他們就增加流通的貨幣數量，而新增貨幣的貴重金屬含量是不足的。」

「搞這種名堂的人不僅傷害了自己的居民，也損害了自己，得到的好處只是暫時的，而且是微小的。他的行為就好像一位吝嗇的農夫，為了節省良種就播種下壞種子，到頭來收穫的惡果要比播下去的壞種子還多。由此使貨幣的信譽遭到破壞，就好像雜草窒息了禾苗一樣。」

所以，哥白尼主張改革幣制，將以前貶值的貨幣回收銷毀；最好能建立一個各國之間的「貨幣同盟」，共同發行一種貨幣。

但由於當時時機尚不成熟，哥白尼的方案只得到了部分的採納。在這項有關貨幣改革的動議中，人們毫不含糊地稱哥白尼為全面的經濟學家。

後來發現了哥白尼寫的關於貨幣的論文，時間比格雷欣還要早，也就是說哥白尼比格雷欣更早發現了這種經濟規律。於是經濟學家便把「格雷欣定理」改成了「哥白尼 - 格雷欣定理」。

1513 年，哥白尼接到改革曆法國際委員會主席、米德爾堡

的保羅的邀請，讓他參加改革方案的制定工作。

哥白尼雖然把自己提出的曆法改革方案寄給了主席，卻拒絕親自到義大利直接參與這一工作。

因為哥白尼知道，只有準確了解太陽和月球的執行情況之後，才有可能進行曆法改革，而當時太陽和月球的執行規律還在探討之中。

哥白尼曾在《天體運行論》中寫道：「在拉特蘭主教會議上討論了教會曆書的修改問題。當時這件事懸而未決，這是因為年和月的長度以及太陽和月亮的運動測定得還不夠精確。從那個時候開始，我在當時主持改曆事務的保羅主教的倡導下，開始把注意力轉向這些課題的更精密的研究。」

哥白尼從不做不切實際的事。但對於實際上與群眾有利的事，哪怕再微不足道的，他也樂於去做。

在弗龍堡海邊有許多漁民，他們每天都出海打魚。每當海上颳起颱風或來了暴雨，漁民的妻兒就憂心似焚，望眼欲穿。

哥白尼就利用地球是圓形的這一原理，讓他們在漁船的桅桿上綁上色彩絢麗的發光物。

這樣，當船在距離海岸還很遠的地方，岸上的人們雖然未見船身，但能看到桅桿上閃光的對象，這樣，人們就可以早點知道親人正在安然返航。

又有一次，他到維什市視察工作，發現當地的麵包價格很亂，而且分量嚴重不足。當時麵包是一般市民的主食，也是貧苦人家唯一的食品。

哥白尼覺得對這個問題不應熟視無睹。於是哥白尼走訪了很多麵包房，了解了他們的支出與收入情況，記錄了很多麵包的價格與分量，最後編制了一份「麵包定價表」，用來規範當地的麵包市場。

在編制「麵包定價表」時，哥白尼本著公正、合理的宗旨，也就是說他既要為居民著想，盡可能壓低麵包價格，又要使麵包師傅有適當的收入。

哥白尼作為神甫會財產的管理人，是一位好管家。他不僅為神甫會服務，也用自己的智慧和勞動為貧苦人民服務，從中可以發現他對貧苦人民的一片同情之心。因此貧苦人民是尊崇他的，他們把哥白尼看做自己的庇護者和代言人。

哥白尼是多才多藝的人，不管是在天文學、醫學還是法學，以及在經濟學和行政管理上，他都有著出色表現。

文藝復興時期的傑出代表們大都多才多藝，德才兼備。哥白尼也正是憑藉著在天文學上的優秀表現，成為眾多璀璨明星中最為耀眼的一顆。

展現軍事指揮才華

　　哥白尼在奧爾什丁地區管理經濟事務時期，正是波蘭同十字軍騎士團矛盾加劇之時，以瓦爾米亞主教和神甫會為一方，以十字軍騎士團為另一方不斷發生誤會和衝突。

　　哥白尼管理的地區與騎士團國家直接接壤，邊界鬧事和衝突事件不少，給哥白尼帶來很多麻煩。來自騎士團方面的威脅，妨礙了經濟的協調發展。

　　1517 年，一個聽命於騎士團的強盜塞巴斯蒂安‧格勞辛因在瓦爾米亞大肆搶劫，被神甫會抓獲。這就使當地的矛盾激化起來，甚至導致瓦爾米亞同騎士團國家於 1517 年 9 月 29 日中止了貿易往來。

　　騎士團當局明顯支持和縱容武裝強盜在瓦爾米亞領土上從事搶劫活動。強盜們得到騎士團的支持，更加大膽，更加肆無忌憚，不斷蹂躪手無寸鐵的居民，使邊界居民遭受到重大損失。

　　1517 年 8 月，十字軍騎士團縱火焚燒了皮耶寧日諾市郊附近的兩個村莊，後來又在布拉涅沃郊區縱火燒毀大片民房。瓦爾米亞行政管理人自己也不止一次遇到毗鄰地區騎士團辦事人員的挑釁活動。

　　1517 年 3 月，騎士團的人和神甫會的人就帕斯文克界河捕

魚權問題發生了爭執。騎士團方面的一個人在捕魚時被逮住，關進了奧爾什丁城堡。

這成了騎士團人攻擊神甫會的又一口實。後來，又因為森林砍伐問題，使雙方的矛盾日趨白熱化。

1519 年，硝煙瀰漫，火光連天。十字軍騎士團與波蘭的關係日趨惡化，而這場戰爭的主戰場就在哥白尼所在的瓦爾米亞地區。哥白尼義無反顧地站到了第一線。

十字軍騎士團的襲擾活動越來越頻繁，他們所到之處，不放過任何人和任何目標，連教堂也成了他們的搶劫對象。

神甫會向波蘭國王彙報了邊界緊張的狀態，國王齊格蒙特·斯塔雷給主教派來了 40 名騎兵助戰。

起初，國王曾試圖勸說自己的外甥 —— 敵視波蘭的十字軍騎士團大首領阿爾布雷希特 —— 放棄戰爭冒險行動。但當他意識到會談不會有多大結果時，便開始了備戰活動。

當阿爾布雷希特開始對國王的和平倡議置若罔聞、不予理睬的時候，波蘭國王說道：「現在一切都靠邊站，我要解決這個普魯士問題。我決不退讓，哪怕赴湯蹈火也在所不辭。」

1520 年 1 月，十字軍騎士團對弗龍堡發起了武裝進攻，指揮官策馬叫囂道：「摧毀這個巢穴，以便在整個夏天不會再有任何一隻鳥來這裡做窩！」

　　戰事越來越頻繁，一場大戰已經必不可免。神甫們都紛紛離開弗龍堡，逃到沒有戰爭危險的地方去了。

　　神甫會成員中只剩下哥白尼一個人還留在弗龍堡。當時還沒有大砲，十字軍騎士團無法越過大教堂的圍牆，於是他們就縱火焚毀城市和圍牆外面的神甫住宅。

　　敵人所侵掠的地方，遍地烽火，屍骸狼藉，百姓流離失所，苦不堪言。哥白尼頂住了十字軍騎士團對弗龍堡發動的攻擊，但因為他的家已被焚毀，也不得不離開這裡，前往奧爾什丁城。

　　在奧爾什丁城，他作出了巨大的努力，義憤填膺地為與十字軍騎士團戰鬥積極做好備戰工作。戰爭期間，哥白尼堅定地站在波蘭一邊，忠實地繼承了與十字軍騎士對抗的家族傳統。

　　1520 年 11 月 8 日，當瓦爾米亞和奧爾什丁的命運處在最困難的時刻，神甫會財產管理人的職務交到哥白尼手中。

　　這多半是因為哥白尼以往在行政管理工作中取得了豐富的經驗，並且在和十字軍騎士團的對抗中表現出的勇敢精神和堅定的立場，促使神甫會作出了這一決定。

　　於是，哥白尼不僅成了經濟管理人，也成為堅守瓦爾米亞南部這個最重要據點的軍事指揮者。這次的經歷對哥白尼來說，是一個將理論付諸實踐的機會。

　　哥白尼積極組織奧爾什丁城堡的防禦，並利用自己所學的力學、工程工藝學知識，投入戰鬥實踐。

　　在哥白尼的領導下，奧爾什丁城的人們築起了工事，加強防禦。2月中旬，哥白尼從埃爾布隆格調來了防禦武器和裝置，其中包括 17 桿火繩槍。

　　儘管是第一次真正投身戰爭，但哥白尼已經顯示出他作為一名軍事指揮者的才幹。哥白尼深知，如果沒有波蘭軍隊援助，奧爾什丁城堡經不起十字軍騎士團的長期圍困和進攻。

　　1520 年 11 月 16 日，哥白尼親自給國王齊格蒙特·斯塔雷寫了一封求援信，要求增加軍隊支持。

最聖明的君主大人陛下：

　　我們渴望最忠實地為神聖的陛下效勞。昨天傍晚，陛下的敵人侵占了奧爾什丁城。奧爾什丁城本來有著很好的防禦圍牆，但終因守城將士不足而失守。

　　同樣的情況也使我們有理由感到不安，因為對付這種進攻，我們沒有足夠力量。敵人已近在咫尺，我們擔心的是，不久我們也將被包圍。跟我們在一起的尊貴的帕維爾·多盧斯基大人只有 100 名士兵。

　　幾天前，他根據我們的要求給陛下派到利茲巴克的司令官雅庫布·森齊格涅夫斯基大人寫了一封信，請他給我們多派一

些人來。奧爾什丁城的人也提出過這種請求。

他回答說，他的人太少了，不能再增派人。我們清楚，利茲巴克本身也受到威脅，整個瓦爾米亞主教區都處在威脅之中。

為此，我真誠地向陛下請求，請陛下盡快派援兵來，給我們以有效的支持。

因為我們渴望竭盡全力做高貴和正直的人應該做的一切，恪盡職守，毫無保留地為陛下獻身，哪怕犧牲也在所不辭。我們的全部財產和我們自己都指望仰仗陛下的關懷。

陛下最忠實的僕人，瓦爾米亞神甫會和神甫

1520 年 11 月 16 日於奧爾什丁

可惜的是，這封十萬火急的求救信沒能夠如願送達波蘭國王的手中，在那個烽火連天的戰爭年代，信使才剛剛出城，就已經被十字軍騎士團給俘獲了。所以，這封信至今保留在十字軍騎士團的文獻館裡。

當十字軍騎士團的指揮官看了這封信，氣惱萬分。他知道，哥白尼是忠誠的波蘭公民，是十字軍騎士團的敵人，與 13 年戰爭期間他祖父的立場完全一樣。

多數神甫由於擔心奧爾什丁要塞一旦被十字軍騎士團攻破，會遭到殘酷鎮壓，所以都提前離開了奧爾什丁。職位上只剩下了哥白尼和亨里希・施內倫貝格神甫兩人。施內倫貝格神

甫也是托倫人。

哥白尼與守衛奧爾什丁城堡的波蘭指揮官進行了緊密的合作，從未聽說過他們之間發生過什麼爭吵和誤解。守住城市和城堡並把敵人驅逐出瓦爾米亞的共同願望把所有人聯結在一起了。

他倆共同與守衛奧爾什丁城堡的波蘭指揮官密切合作，與十字軍騎士團對峙了 3 年的時光。

哥白尼在防禦工作中表現出了很大的主動性。他不是消極等待國王增援，也不是僅僅指望職業軍人。他一直與為解決奧爾什丁必要防禦器材供應問題而待在埃爾布隆格的揚·斯庫爾泰蒂副主教保持書信聯繫。

在戰火暫時停息的日子裡，哥白尼仍沒有忘記他的天文學的研究工作。他在奧爾什丁的哨塔上布置了一座簡單的觀測臺，雖然它比不上弗龍堡的箭樓天文臺，但在哥白尼的天文觀測中，仍起了重要的作用。

哥白尼在奧爾什丁城堡留下了大量的天文學觀測的痕跡。1802 年，有學者在圍廊下面的牆壁中發現了哥白尼製作的一塊長 705 公分、寬 140 公分的天文觀測記錄板。

據學者們推算，這塊記錄板是 1519 年製成的，這是哥白尼觀測和研究地球軌道不均衡時所使用的。

　　哥白尼在奧爾什丁觀測二分點，即春分和秋分時，顯然是為了確定和計算出當時所使用的儒略曆同實際情況的差距。這些觀測工作都與當時的曆法改革工作有關。

　　1517 年，哥白尼從弗龍堡來到奧爾什丁時，未能帶上所有的天文觀測儀器。儘管如此，他並不想中斷已經開始的研究和觀測工作。為此，他才製作了這塊在測定二分點時刻必不可少的記錄板。

　　哥白尼選擇了西南方向上的一面牆來製作這塊記錄板。這塊牆面被圍廊遮掩著，他在頂棚上鑽了一個小孔，陽光透過這個小孔射到牆板上。他每 5 天觀測一次陽光在牆上移動的路線，並在牆板上標出來。二分點時刻是主要的觀測對象，同時也是做深入觀測的出發點。

　　儘管哥白尼所擔任的行政職務有許多事情要處理，但是每到觀測日，他大多就不再外出，而是守在這個小小的觀測點上進行觀測。他對觀測時間和外出時間的安排表明，十次去外地公出只有兩次和他的天文觀測相衝突。

　　1521 年的新年剛過，十字軍騎士團統領就率領一支由 6000 名步兵、800 名重騎兵和 600 名輕型機車兵以及砲兵組成的部隊，突然出動，經過布拉涅沃和奧爾內塔，於 1 月 11 日到達奧爾什丁城附近。

　　1521 年 1 月 13 日，十字軍騎士團突然向奧爾什丁發起了進攻。哥白尼和守衛城堡的人奮勇抗敵，打退了敵人的進攻。

　　當時的記載為我們描述了十字軍騎士團的進軍情景：「大首領在耶焦拉內城沒有得到任何好處，遂命令把這座可憐的城市焚毀。由於雨下得太大，無法進攻巴爾切沃城，只是試探性地放了一炮，看看該城居民是否願意投降，結果是枉費心機。離開這裡以後，部隊朝奧爾什丁方向開拔。花費的努力沒有給大首領帶來任何好處，有 7 個村莊被他毀於一炬。」

　　顯然，實際破壞遠比這大得多，沿途經過的地方都遭到騎士團的洗劫。他們想透過恐怖和恫嚇手段來迫使瓦爾米亞投降。

　　十字軍騎士團統領給奧爾什丁城人民寫了一封信，要求該城立刻投降，並威脅說，不投降就要把它徹底化為灰燼。然而，守衛者不但沒有被威脅嚇倒，反而加強了防禦準備。

　　1 月 26 日晚上，十字軍騎士團又一次向奧爾什丁發起進攻，妄想用突襲的辦法攻占該城。十字軍騎士團曾一度攻破城牆上的一個角門，但很快又被守衛者擊退了。守衛者知道，這是敵人進行的一次試探性戰鬥，很快就會發起全面攻擊。

　　作為波蘭最高司令的國王，以及各地區的主教和神甫們，都為自己的財寶感到擔憂，他們睜大眼睛盯著奧爾什丁，關心著那裡的戰事。

　　2月初，盧茲揚斯基主教寫信給奧爾什丁的神甫，也就是給哥白尼和施內倫貝格，要他們堅守住，不要害怕敵人，如果沒人叛變的話，敵人拿不下城市。

　　哥白尼沒有過分相信主教的樂觀預測，為奧爾什丁調進了大批武器彈藥和食品，並催促斯庫爾泰蒂繼續為守衛者收集和提供這些物資。

　　騎士團重重包圍了奧爾什丁。哥白尼登上城堡，親自布置防務，指揮戰鬥。

　　一天、兩天、三天過去了，奧爾什丁依舊巋然不動。氣急敗壞的騎士團統帥霍亨卓倫大公命令士兵：「用燃燒彈攻城！」

　　隨著呼嘯的砲彈轟響聲，城頭多處著火了！

　　「大家不要慌張，把牛皮用水沾溼，捂住燃燒彈。」

　　面對著敵人的凶猛進攻，哥白尼臨危不亂，果斷下令。數百名戰士用準備好的數百張浸溼的牛皮，撲向火頭，火焰很快就被撲滅了。

　　「該死的哥白尼！我們逮住他，一定要狠狠地懲罰他！」

　　霍亨卓倫大公氣急敗壞地吼叫著，揮舞起手中的指揮刀，重重地砍斷了一棵小樹。

　　「準備好武器彈藥，為了保衛奧爾什丁城堡，我們要決一死戰，決不後退。」哥白尼更加振奮地鼓舞士兵一致抗敵。

斯庫爾泰蒂對哥白尼的勇氣真心地表示欽佩，他這樣寫道：「最後我要對最了不起的您在困難和危險時期所付出的巨大努力表示感謝。您在那裡恪盡職守，耐心地經受著困難和危險的考驗。我真誠地請求您保持樂觀，放寬心地堅持下去。您將得到上帝的報答和人們的讚揚。」

信還沒有看完，敵人又進攻了。哥白尼命令砲兵反擊，士兵們早就恨透了騎士團那幫無惡不作的魔鬼，都咬破嘴唇狠狠地把敵人打得失魂落魄，潰不成軍。

接著，哥白尼又下令守衛軍出城追擊。戰士們放下城門的吊橋，跨過護城溝，勇猛地追擊。敵人在田野裡、大路上橫屍遍地。守衛軍們窮追不捨，直到把敵人趕過了維納河以西。

而這個時候，十字軍騎士團的部隊內部也正經歷嚴重的危機。軍隊損失慘重，但卻沒取得比較大的勝利，這在騎士團士兵和僱傭軍中引起不滿，出現騷動。這種騷動隨時可能演變為士兵暴動。

十字軍騎士團的士兵謾罵大首領，僱傭士兵要求發放拖欠的軍餉，甚至把事先發餉作為開始包圍或發起進攻的條件。

結果，大首領阿爾布雷希特中途返回了克魯萊維茨，因為他覺得在那裡要比待在自己的軍隊中更加安全。

1521 年 3 月 26 日，騎士團停止了戰爭行動，4 月 5 日雙方

達成了所謂的托倫妥協，戰爭結束。

奧爾什丁保衛戰獲得了全勝。

哥白尼真不愧是一個天才，他在軍事上的天分在這一場戰爭中表現無遺。更加重要的是，哥白尼具有不畏強權的優良品德，面對著十字軍這樣窮凶極惡的惡勢力，哥白尼依舊沒有妥協。

哥白尼相信，正義的、進步的力量一定能夠戰勝邪惡的、頑固的惡勢力，今天他能夠打退窮凶極惡的十字軍騎士團，那麼明天，他所信奉的真理日心說也一定能夠戰勝教會的黑暗勢力，科學的時代必將來臨！

天文學大師

晚年的成就

如果痛苦換來的是結識真理、堅持真理，就應自覺地欣然承受，那時，也只有那時，痛苦才將化為幸福。

—— 哥白尼

學說受挫的日子

1531 年以後，哥白尼終於逐漸擺脫了從事多年的公共服務工作，終於有了較多的時間從事自己所喜愛的科學活動了。他更加勤奮地觀測天象，更忙於天文學手稿的潤色修訂。

1533 年一天的夜晚，下弦月還沒有升起，繁星滿天，一顆一顆像撒在藍色幕布上的碎銀晶瑩透亮，忽閃忽閃的，活像頑童的眼睛，蘊藏著深奧莫測的祕密。

哥白尼像是這神祕世界中的一員，他透過高高屹立的「觀象儀」，轉動不同的角度，尋找著即將出現的大彗星。

突然，它來了，像是一顆天外星，與行星背道而馳，迅疾而來；它很美，像拖著尾巴的銀色孔雀，鋪天蓋地斜著飛過天空。

此時此刻，是哥白尼最興奮、最幸福、最神往的時候。然而，他並非完全是欣賞，更多的是研究：這顆拖著橢圓形長尾巴的彗星為什麼與行星運動的方向相反呢？

哥白尼苦苦地思索著，旋即寫下了一篇有關這顆彗星研究的論文。可惜的是，這篇論文沒有流傳下來。

哥白尼的中青年時代在學習和緊張的公務活動中結束了，現在已經接近了老年。

以前他是受舅舅照顧的、神甫會中最年輕的神甫。然而，現在舅舅早已不在人世，自己的老同學和老同事也越來越少了，其中許多人已經謝世，另外一些人則取得了很高的教會職務。

哥白尼雖然屬神甫會中年事最高的長者和任職時間最長的人，但仍然只是一位普通神甫。

青年時代熟悉的人大多已經離去，接替他們的是比哥白尼整整晚了一輩的青年人。哥白尼跟他們沒有太多的共同語言，因為這些年輕人的生活閱歷和知識都無法同哥白尼相比。

哥白尼的晚年是孤寂的，他像是走進了一條死胡同，越往前走，越閉塞，越發失去了生活的情趣。甚至連同自己一道來分享發現的朋友也沒有，他的心像結了冰似的寒冷。而當時瓦爾米亞已進入一個不利於發明和發現的時期。

在哥白尼醞釀著一個新理論的時候，他身邊的世界也正在經歷一場變革。

在 16 世紀的西方發生過一次歷史性的大動亂，新教徒所發動的宗教改革打破了天主教會在精神和政治方面的統一。

在義大利以北的一些國家裡，一個旨在改革宗教的思想運動正在興起，後來發展到反對教會、教皇及其整個統治系統。

這場宗教改革運動是德國威丁堡教授馬丁・路德發起的。馬丁・路德譴責教會從事的贖罪券交易，將矛頭直指梵蒂岡，

否定主教會議的絕對正確性和教皇的權威，要求取消宗教等級制度。

現在看來，那次宗教改革的意義，在於把社會向著近代社會的世俗化推進了一大步，也就是說，管理社會的權利從教會的手中創造性地轉移到了世俗政府手中。

也正是這場宗教改革建議，引發了一場曠日持久而且常常導致流血的宗教戰爭。正是那些宗教戰爭把歐洲拖入了「三十年戰爭」，並一直持續到哥白尼死後 100 年。

近代意義上的科學革命就是在那次宗教改革的背景下展開的，其中的許多關鍵人物，如開普勒、伽利略、笛卡兒和牛頓，都曾受到神學騷亂中所爭論的那些宗教問題的深刻影響。

哥白尼的學說在歐洲越傳越廣，影響越來越大，自然也傳到了當時歐洲宗教界最有影響的人物馬丁·路德的耳朵。但對路德教來說，哥白尼的學說也同對羅馬天主教一樣，是危險的。他對哥白尼的學生充滿了非議。

路德曾經這樣寫道：

有人提到一位新的天文學家，說他想證明：不是太空或天，太陽和月亮，而是地球在動，在轉圈子。現在的事兒就是這樣，誰想當聰明人，誰就得出點兒特殊的東西來，而且又一定是最好的！

　　這個蠢人想把全部天文學顛倒過來。然而，正如《聖經》所指出，約書亞命令太陽，而不是地球，停止不動。

　　路德的看法傳到了哥白尼的耳朵裡，他苦心研究的天文科學得不到社會的認可，就像他的孩子是個畸形兒一般，要被人們唾棄，他心裡的滋味真是苦若黃連。

　　然而，事情並沒有就此終止，更令哥白尼難堪痛心的事，則是狂歡節上發生的一幕鬧劇。

　　1531 年 2 月 19 日，路德教信徒們在狂歡節化裝舞會上嘲笑了教皇、紅衣主教、主教、神甫以及其他一些神職人員。

　　費貝爾主教在狂歡者行列中看到了影射自己的丑角形象，那是一個穿著主教服裝滑稽可笑的人，在大街上邊走邊散發用來寬恕墮落和凶殺行為的贖罪券。

　　行列中還有一個打扮成弗龍堡神甫模樣的人在裝腔作勢地宣稱，他是一位新的星占學家，他定住了太陽，轉動了地球。

　　這番表演在聚攏來的閒客中引起陣陣鬨笑。然而，這起小小鬧劇只不過是哥白尼年老時將要遇到的一系列痛心事中的一件而已。

　　此後的許多年中愚昧人的嘲笑聲一直伴隨著哥白尼。一些對哥白尼不友好的人因這位智慧超過他們的人被嘲笑而感到幸災樂禍。

路德教信徒沒有能力妨礙哥白尼，但天主教的權貴們卻能夠把哥白尼置於被告席上，並對他進行嚴厲審判。

身為神職人員的哥白尼，並不為名利所動，他從不為爭取主教的職位而努力，也不熱衷於神甫會中的其他重要職務。在告別公務之後，他唯一的心願就是把自己熱衷的天文學事業進行到底。

哥白尼早期著作的抄本已在整個歐洲流傳，但只有為數很少的朋友了解他所寫的鉅著具有劃時代意義。但哥白尼並不急於出版這部耗費他無數心血的著作。

哥白尼充分猜想到發表這部標新立異的著作所冒的風險。他永遠不能忘記1506年從義大利歸國時，親眼目睹的悲慘情形：宗教裁判所懲罰異教徒所用的手段之殘忍，令人不寒而慄。

在哥白尼的一生中，波蘭境內至少進行過 300 次以上的宗教裁判活動。

13 世紀時一位通曉天文學的西班牙卡斯提臘國王阿爾芳斯感到托勒密的體系太複雜了，曾說了一句：「上帝創造世界的時候，要是向我徵求意見的話，天上的秩序可能安排得更好些。」

結果僅僅因為這句話，西班牙國王便被指控為異教徒，被教會從王位上革除了。

對於表現新思想的書籍，教會控制得特別嚴。早在哥白尼

留學義大利的時候，教皇亞歷山大六世就重新頒布了「聖諭」，禁止印行未經教會審查的書籍，發現可疑的書籍一律焚毀。

哥白尼猜想到，這樣的懲罰完全可能降臨到他的頭上。在沒有做好一切準備之前，哥白尼不想做無謂的犧牲。況且，他還有一些理論需要更精確的數據來證明，又怎麼能夠冒險呢？

晚年的真愛

在哥白尼的故鄉托倫市，有一個遠房親戚馬切伊・希林。他是一名貴族後裔，也是文藝復興時代最傑出的設計和雕刻幣章圖案的巨匠之一。

最重要的是，他和哥白尼是從小相伴的好友，他們小時候經常一起去河邊看輪船，釣魚，抓泥鰍。

童年的時候，哥白尼家中突然遭遇變故，父母雙亡。不幸的小哥白尼不得不跟隨舅舅離開了托倫，他和希林也就從那個時候開始，分離兩地。

但是兩個要好的夥伴還是保持著書信的往來，時常聯繫。哪怕是留學，哪怕是戰爭，也都未能切斷他們之間深厚的友誼。

從希林的信中，哥白尼知道了家鄉正在發生翻天覆地的變化。

托倫，這個美麗的城市變得更加發達了。

1525 年，哥白尼因為貨幣改革問題，回了一次家鄉。

他在波屬普魯士貴族代表大會上，侃侃而談地闡述了自己對於當時貨幣狀況的觀點，不知有多少人被他的才華所傾倒。

在貨幣改革的問題上，哥白尼和希林簡直是一拍即合，那就是要使貨幣改革的虛與實結合起來。

從此以後，兩個人的關係變得更加密切了，哥白尼常在希林家做客暢談。

來到希林家豪華的宅第，就看見小洋樓的大門的廊簷下鑲嵌著一枚精緻的家族族徽。那金黃的圓環環繞著碧綠的三葉常青藤，在太陽光的輝映下，反射著清新而奪目的光華。

「好漂亮的族徽呀！是你鐫刻的吧！」

哥白尼興趣廣泛，性格豪放，看見那代表生命的常青藤被表示團結的圓環所環抱的族徽，禁不住稱讚起來。

「圖案是祖上流傳下來的，搬來時我重新製作的。」希林介紹道。

他們走進客廳，就見到了美麗的安娜·希林，她是希林的女兒。這是一箇中等個頭，擁有一副小巧玲的身軀，頗為優雅的女孩。

金黃色的鬢髮，高高地在安娜·希林的腦後盤著髻。那光

潤的鴨蛋臉上，嵌著一對宛若深潭般藍色的眼眸，在長長睫毛的點綴下，給予人幽深、夢幻般的聯想。

那微翹的鼻子，秀氣的櫻唇以及尖尖的下巴，都充滿了女性的魅力。她是惹人注目的，顯得端莊而頗有風度。

可是奇怪的是，安娜都已經 25 歲了，還是不肯嫁人。父親希林每次和他說起這件事情的時候，安娜都是躲躲閃閃，加以迴避。

實際上，托倫市的年輕小夥子並不少，去追安娜的更是組成了一個加強連，但是誰也打動不了這位美麗小姐的芳心。

在安娜青春的心中，藏著一個誰也不知道的祕密：她喜歡上的，恰恰就是和父親同輩的好友哥白尼。

因為母親早逝，安娜又不敢把自己的這個想法告訴父親，所以誰也不知道這個年輕小姑娘的心意。

一開始的時候，安娜並不認識哥白尼，每一次哥白尼或其他男人來訪的時候，安娜都是迴避到閨房裡。

漸漸地哥白尼成了她家裡的常客，她被哥白尼身上那種內在的男性魅力所吸引，更為他的德行和才學而傾倒。

安娜對哥白尼簡直崇拜到了極點。哥白尼就像是琴絃一般，撥動了她沉寂了多年的心。

第一次見到哥白尼的時候，安娜就為哥白尼淵博的知識、

儒雅的談吐和高貴的氣質所傾倒。安娜知道，她內心深深地愛上了這位優雅的紳士。

每一次父親和哥白尼聚在一起談論宗教，談論貨幣，談論天文地理的時候，安娜總是喜歡站在一邊，靜靜地聆聽。

雖然政治經濟類充滿知識性的話題，很難引起女人的興趣，可安娜就是愛聽。

也許他們談話的內容並不重要，重要的是只要能夠看見哥白尼，聽到他圓潤而響亮的聲音就足夠了。

安娜從未體驗過愛情，直到見了哥白尼，她才覺得眼前一亮。

每當哥白尼看她時，她就感到一陣戰慄，有時思索了幾天的話，在與他交談時自己總感覺前言不搭後語。

「這是怎麼了，就像是中了魔，是不是一見鍾情呢？」

安娜對哥白尼鍾情不已，但是哥白尼對安娜卻沒有什麼感覺。也許是由於年長一輩，也許是由於神甫的身分，也許是淵博的學識，總之在開始的時候，哥白尼對安娜這個女子並未注意。

只是有時無意中發現這個女子眼中優雅的氣質，她對天文學的關注，以及對他日益增多的關心，才使他對安娜發生了好感。

「哥白尼，你現在也是德高望重的名人了，怎麼不考慮成家呢？」

希林作為哥白尼的老朋友，對於他的生活還是十分關心的。

「這說的是什麼話，我可是一名神職人員。」哥白尼脫口回答說。

希林不置可否地說道：

「神職人員怎麼了，現在的神職人員你又不是不知道，娶妻生子那是常事。再者說，你只是一個普通神甫，神甫會對你的要求不會那麼嚴格的。」

哥白尼的思想還是比較傳統的，他再一次拒絕了好友的善意，說：

「那也不行，我年紀都這麼大了，哪裡還能夠再想這方面的事情？！你的好意我心領了。」

希林著看哥白尼，關心地說：

「是呀，一眨眼我們年紀都大了。兄弟，你的生活怎麼辦呢？你平時工作那麼忙，年輕的時候無所謂，可是現在我們都老了，沒有一個人照顧自己，怎麼能度過晚年呢？」

哥白尼心中一嘆，他已經是一個 50 多歲的老人了，當然也希望在孤寂的生活中，有人陪伴他說說話，進行交流；也願意有人來照顧他的生活，讓他有多一點的時間來從事天文研究。

哥白尼說道：

「哎！並非我不想僱用一個人，而是想要找到一個信得過的人，難呀！」

是的，哥白尼並非不想找一個人照顧自己，他最關心的是人選問題。哥白尼現在從事的《天體運行論》，對於教會來說是一個非常危險的存在，如果僱人不是信得過的人，那麼一旦這本書的手稿被流傳出去，對於哥白尼來說，可就是人生末路了。

「那你覺得我的女兒安娜怎麼樣？這孩子從小就乖巧，而且她對於天文學也有著濃厚的興趣。就讓她去給你燒飯，洗洗衣服，料理一下家務吧。」

「安娜肯定會是稱職的管家，只是這樣是不是委屈了她這名門閨秀呢？況且，還會有流言蜚語的。我倒不怕什麼，她一個女子，受得了嗎？」哥白尼有些擔憂地推辭說。

正說著，安娜從外邊走了進來，在搖曳的燭光照耀下，她的臉色像大理石雕像一般，白潤而堅定。她款款地面帶幾分羞澀說：

「為了您光輝的事業，我願意為您作出犧牲。也許我為社會所不容，但我自認為這種付出是我生命中最有意義的事。」

那音調如流淌的小溪，可是在哥白尼的耳中卻轟響如雷。他深深地被這個嬌小的女子感動了，在真摯的感情面前，他怎麼能懦弱退縮？

哥白尼的心被激盪了，像微微顫抖的琴絃，又彈出了高遠的旋律。盛情難卻之下，哥白尼也不好推辭，他堅定了自己的信心：

「那好！讓我們一起來對付外界的壓力吧！我先回去準備一下，你過幾天再來。」

為了安娜這個堅強的女孩子，哥白尼決定付出自己全部的力量，也要給予她幸福。

為了科學，為了愛情，哥白尼勇敢地打破世俗的禁錮，去迎接生命的太陽！

步入婚姻殿堂

作為一名普通人，放手去追求愛情，獲得幸福，是一件值得稱讚和羨慕的事情。哥白尼身為一名天文學家，自然懂得愛情的珍貴。

面對著遲來 20 年的戀情，哥白尼放開了自己的胸懷，哪怕前面是一個火坑，他也不顧一切地縱身跳下去。

哥白尼懷著喜悅心情回到了弗龍堡。這次回來和往常不一樣，他覺得自己的身軀裡漸漸地充滿了活力，心裡不時地顯現出安娜那堅定而柔情的面孔。

哥白尼精心為安娜準備了房間，重新布置了家具，懷著喜悅的心情等待著她的到來。

在等待安娜到來的這一段日子裡，哥白尼專心地編寫《天體運行論》。不知道是不是因為有了安娜這個女孩的緣故，這一次哥白尼思路清晰，下筆如行雲流水，進展得十分順利。

哥白尼在筆記本的空白邊角上畫下了常青藤盤繞的圓環，他的繪畫技術很好，將希林家族的貴族徽章描繪得栩栩如生。

看著那幾個希林家的族徽，他不禁笑起自己來，怎麼老了心裡倒升起了彩虹，令自己眩暈，令自己神往呢？

幾天以後，安娜猶如女神般地走進了弗龍堡。她光輝四射，輝映得城堡更增添了幾分嬌柔嫵媚的美感。

安娜是個能幹的女管家，她很快就熟悉了弗龍堡中的一切。自從家裡有了安娜以後，哥白尼的生活簡直換了一個模樣，在她的指揮管理下，不幾天，城堡就收拾得井然有序了。

安娜把哥白尼照顧得無微不至，哥白尼衣食不愁，專心地投入了他的研究工作。他已鬢髮染霜，但仍不停歇地查閱數據，伏案疾書。

羽毛筆尖禿了，安娜坐在他身邊細心地幫他削著。時而，她抬起頭來，注視著哥白尼思忖、寫字時那專注的神態，陶醉不已。

　　哥白尼總是專心寫書，寫累的時候，他就抬起頭來，望著一臉專注於自己的安娜，兩人會心地相視一笑，心中充滿了甜蜜的感情。

　　安娜愛哥白尼，也愛他傾心的天文科學。她知道這些觀點是為教會所不容的，所以，她細心嚴密地將他的數據儲存好。

　　晚年的哥白尼因為失去了諸多親友，變得十分獨孤。自從擁有了安娜，人也變得更加精神了，而且他的思想也能和安娜一起分享，安娜也總是很懂事地靜靜聆聽。

　　「這一卷記錄了日食、月食、火星衝日、黃赤交角、春分點移動等近二三十種天文觀測情況。托勒密認為地球是宇宙的中心，我認為這個說法是不正確的。

　　「我的看法是太陽是宇宙的中心，地球不是，地球只是圍繞太陽運轉的一顆普通的行星。所有的行星都是以太陽為中心執行的。

　　「地球本身也不是靜止的，而是在自轉。月球是地球的衛星，它繞地球執行一圈為一個月。

　　「火星、木星等行星在天空運轉，有時順行，有時逆行。並不是它們的行動奇特，行蹤詭祕，而是火星、木星和地球一起各自按自己的軌道繞太陽運動的緣故。」

　　哥白尼站在窗前，指點著天幕上的星辰，那如水的月光，

那宛若寶石的星宿，那猶如透明白紗帶般的銀河，都給他帶來了安慰，帶來了喜悅，帶來了幸福。

安娜依偎在哥白尼的胸前，他們感覺自己也像是融進了天宇，變成了一顆閃亮的星。

「安娜，你知道我為什麼要那麼努力地尋找天空的祕密嗎？」

「不知道。親愛的，你能告訴我嗎？」安娜一臉痴情地說。

「當然可以了。在我很小的時候，我就喜歡看天上的星星，那個時候就覺得天空很神祕。在我 10 歲的時候，我父親和母親都因為疾病而死了，神甫說那是因為天上星星的緣故。」

說到這裡，哥白尼停頓了一下，他下意識地將安娜抱緊了一些，繼續說：「那個時候，我就下定決心，一定要找出天空的祕密。我要將愚昧的觀點徹底掃除。」

安娜緊緊地抱住哥白尼，問道：「可是，親愛的，占星學不也是研究天文的嗎？再說占星學也很賺錢，你為什麼不研究占星學呢？」

哥白尼鬆開了安娜，他一臉嚴肅地看著安娜的眼睛說：「如果你走到了十字路口，前方有兩條路，一條是寬敞的大道，通向的卻是地獄，一條是坎坷的小路，最終到達天堂，你會選擇哪一條呢？」

「肯定是第二條呀。」安娜想都不想地回答說。

「天文學就是這坎坷的第二條路，所以我一直沿著它走了下去。」

「我明白了，親愛的。不管這條路會有多麼的坎坷，我都會陪著你一直走下去的。我們一定會到達聖潔的天堂。」

安娜的話讓哥白尼十分感動：好一個善解人意的女孩子！哥白尼又不由自主地將安娜緊緊抱在了懷中。

懷抱著安娜，哥白尼有體會到幸福、滿足和愉悅的感覺。他像是開始了新的生命，找到了又一個自己。

可是，他心中隱隱地感到了一陣擔憂：自己畢竟是一個神甫，就這麼公然和安娜相處，教會又會是什麼樣的態度呢？

迎來無奈的結局

哥白尼的感覺是敏銳的，當他選擇和安娜在一起的時候，就已經考慮到了兩人驚世駭俗的戀情所需要承擔的後果。

果不其然，哥白尼和安娜的幸福日子還沒有過上多久，教會就出手干涉了。

1533 年瓦爾米亞主教改選，格但斯克啤酒釀造工的兒子丹蒂謝克被選做主教。

丹蒂謝克知道，哥白尼當初是不支持他當選的，於是一旦大權在握，便開始報復他和以前妨礙他當主教的人。

哥白尼深知新主教的為人，因此從一開始他就非常小心地與他周旋。他很有禮貌地回答丹蒂謝克的每次來信，不讓自己流露一絲輕視主教的跡象。

哥白尼知道主教經常與他通訊，是想從他那兒了解一些最新的訊息，因此他總是將自己聽到的那種訊息轉達給主教聽。

這樣一來，雙方之間的關係也就漸漸地緩和了下來，丹蒂謝克曾經多次請哥白尼治病，也曾經幾次邀請哥白尼陪同自己一起視察神甫會的財產。

可是就在這個時候，他和哥白尼又發生了一次劇烈的衝突。

哥白尼有一個好朋友叫斯庫爾泰蒂。他們曾是親密的合作者，一起繪製了波羅的海沿岸、利弗蘭地區的地圖。

丹蒂謝克懷疑斯庫爾泰蒂在選舉前曾向教皇說過他的壞話，因此便設法收集各種材料誣陷他。

丹蒂謝克心胸十分狹小，他還無理地要求瓦爾米亞所有神甫同斯庫爾泰蒂斷絕來往，並特意叫人提醒哥白尼，讓哥白尼知道他同斯庫爾泰蒂的友誼可能對他自己有害。

哥白尼的忍耐是有限度的，他對丹蒂謝克的逢迎是有原則的。丹蒂謝克的無理要求使哥白尼很憤怒，他當時毅然宣布，

自己不想這樣做，因為他「尊重斯庫爾泰蒂勝過許多其他人」。

就這樣，哥白尼得罪了丹蒂謝克。但他萬萬沒有想到會因此失掉了安娜。

也就是因為這個原因，丹蒂謝克總是陰冷冷地盯著哥白尼的一舉一動，而有一次終於讓他找到了報復哥白尼的機會。

丹蒂謝克主教把哥白尼叫到了教堂，對他說道：「哥白尼，你的舅舅是我們瓦爾米亞地區德高望重的主教，你是他一手培養起來的神甫，又住在他的城堡裡。你就應該明白我們的教規，不做有損於教會聲譽的事情才好。」

丹蒂謝克主教不僅用綿裡藏針的語言戳痛了哥白尼，而且還四處散布輿論，說哥白尼被一個可惡的女人給迷住了，和這個女人不乾不淨，有辱清規。

為了打擊報復哥白尼，丹蒂謝克主教還寫了一封信給哥白尼的好朋友鐵德曼·吉斯主教。信中說：

聽說傑出的、學識異常淵博的哥白尼先生直到現在一直享有很高聲譽，聞名遐邇。他的多才多藝令人欽佩，普遍受到讚揚。

我們一直都很敬重他，像是愛親生兄弟一樣愛他。但哥白尼先生卻在幾乎是無能為力的老年時期，同自己的姘婦幽會。

這個女人心如毒蠍，她勾引了我們正直的哥白尼先生，企

圖陷害他，讓我們的兄弟晚節不保。

我十分擔憂哥白尼先生會一時不慎落入這個女人編織的騙局中。此外，教會講究清譽，不會允許這樣的醜陋事情發生。

閣下如果能用最友善的語言私下提醒他一下，使他停止這種醜事，那可真是閣下的一大善行。

如果閣下能使他做到這一點，就算替我做了一樁無與倫比的好事，這樣我們倆就重新奪回了一個珍貴的兄弟。

另外，閣下在同他談這些事兒的時候千萬注意分寸，以便使他更加重視。同時也不要使他知道這是我對他的勸告，只讓他知道這是你對他私生活的關心。切記。

鐵德曼理解哥白尼的想法，他是一名天文學家，是搞科學的，是懂得人性，理解人的情感的。

對於丹蒂謝克主教的小人行徑，他反倒是十分看不慣。不過站在好朋友的角度，鐵德曼有義務將這件事情告訴哥白尼。

當然，哥白尼德高望重，鐵德曼也真的害怕哥白尼會為這個女人而影響了自己的名望。

所以，鐵德曼寫了一封信給哥白尼，勸告說：「丹蒂謝克真是愛管閒事！可是，哥白尼，你怎麼辦呢？你的事業，難道就讓這些小人給毀了嗎？我看，你還是讓安娜離開你吧！你說是不是？」

丹蒂謝克主教不但寫信給鐵德曼，他還親自找了弗龍堡教堂中與哥白尼關係非常好的費利克斯·賴希神甫，勸說他對哥白尼做說服工作。

賴希聽了主教的話，搖了搖頭，深深地嘆口氣說：「主教大人，我明白您的好心。您是要拯救哥白尼的靈魂，這點我非常贊成您所持的立場。可是話說回來，如果你這樣直截了當地跟哥白尼說明的話，我想這樣會使他羞愧得無地自容的。」

賴希這樣淡淡地說著，言語中透露著他對哥白尼深切的同情。

四方射來的子彈，撕裂著哥白尼的心，他的心在滴血。如果說不是《天體運行論》還沒有完全定稿，他一定會不顧一切去和教會抗爭，以爭取幸福，同時他也不忍教會傷害自己心愛的安娜。

秋風蕭瑟、月冷星稀的一天，哥白尼感到落葉在飄飛，靈魂遊離於軀殼，他言不由衷地說：「安娜，我保護不了你，不能讓教會把我倆一起吞掉。我想，你還是先離開弗龍堡，出去避避風頭吧。」

哥白尼心裡當然十分清楚，他們這麼一分手，就像是兩顆遙遠的星，只能天各一方，苦度殘生，甚至可能連彼此發出的光芒也不會看見了。

可是，面對著咄咄逼人的陰冷主教，他們又有什麼辦法呢！

「是的，親愛的，我明白你的處境。為了你能過得舒心些，不讓他們來糾纏你，我可以離開。」

說到這裡，安娜已淚流滿面。她是重感情的女人，心中只載著哥白尼一個人的名字。現在的分手，就是生離死別，怎不讓她柔腸寸斷，哭幹淚水。

可是，在安娜柔弱的外表下，她還具有一顆鋼鐵般堅強的心。

安娜的話讓哥白尼心如刀割。他們在一起生活了六年時間，和安娜的感情已經十分深厚，他又怎麼能夠離得開安娜啊！

「要不，我還俗算了。如果不做這個神甫，他們就拿我沒轍了。」哥白尼一狠心說出了這話。

安娜撲到哥白尼的懷裡，抱住他的脖頸央求著說：「不要！親愛的，別做傻事！我們不做天上的星，遙遙相望；而要做天上的雲，空中的風，有合有散，看上去散，無形中合，好麼？我要定期看你，我不能失去你。」

「好！我答應。安娜，你應該知道，我又何嘗不想見到你呢！」

很少流淚的哥白尼，也不由得眼圈紅了。他知道安娜已經成了他生命的一部分，安娜離去，他的生命必然會縮短。

　　於是，哥白尼和安娜相約，為了應付主教的監視，他們表面上分開了，安娜也搬出了哥白尼的家。

　　聖誕節到了，街道上張燈結綵，到處都充滿了節日的喜悅氣氛，孩子們歡快地玩弄著各種玩具，戀人們幸福地緊緊擁抱在一起。

　　而哥白尼的塔樓中卻是冷冷清清，沒有一點節日的氣氛。他覺得自己很無能，很沒用。他可以在天文學中任意遨遊，但是到頭來卻連自己的女人都保護不了。

　　「親愛的，我們雖然短暫地離開了，但是你一定要振作。《天體運行論》是你的根本，是你一生的心血所在，你可一定要好好修改，將它出版啊。」

　　安娜臨走之時的話語永駐心中，往昔的情景又一次浮現眼前，哥白尼的眼角溼潤了。他依偎在視窗，透過窗戶，望向天空，他彷彿看到了安娜正在那裡痴痴地笑著……

　　面對著教會的蠻橫干涉，安娜天天以淚洗面，她覺得他們的命運就像大海上遇到狂風的小船，將不知擱淺在何方。

　　安娜憤恨、悲傷、痛苦，可是又無處申訴，心裡像是有一團火，要把整個黑暗猙獰的世界燒盡。

　　可是，她一個弱女子，怎抵得過堂堂的教會主教大人呢？為了她的愛情，為了她所愛的人的事業，她乘上馬車，掩面哭

泣著離開了哥白尼。

安娜並沒有立即離開弗龍堡，而是住在弗龍堡一個朋友的家裡，她希望能夠與哥白尼近些，可以常常看見他。

可是儘管兩人住得不遠，哥白尼卻很少去探望安娜，因為丹蒂謝克派僕人監視著他們的一舉一動。

有一次，在一個市場上，兩人意外地相遇了。安娜喜出望外地迎上去，注視著哥白尼。

多日不見，哥白尼似乎蒼老了很多，花白的頭髮亂蓬蓬的。「您最近身體好嗎？晚上還去看星星嗎？」安娜說不下去了，淚花遮住了她的視線。

這次見面很快傳到了丹蒂謝克的耳朵裡，他又讓鐵德曼去勸告哥白尼，並逼安娜離開了弗龍堡。

哥白尼形影孤單地在自己的房間裡工作著，累了，他便在他看的書旁畫幾片常春藤的葉子。在這些葉子裡傾注著他對安娜深深的懷念。

哥白尼的生命中有兩大支柱，一個是安娜，另一個就是天文學。現在安娜已經被迫離去，哥白尼就只有把他全部的精力都用在《天體運行論》上了。

教會可以剝奪哥白尼的戀愛自由，但是不能禁錮哥白尼的思想，他要用自己的科學打破教會的專制統治，還世界一片太平。

忘不了的正直學生

在哥白尼光輝的一生中，曾結交過很多重要的朋友和親人。其中對他影響最深刻，對世界天文學歷史產生了巨大影響的人，卻只有一個，那就是哥白尼的學生 —— 雷蒂克。

雷蒂克同當時一些人文主義者一樣，也有一個拉丁文的名字雷蒂克，這個名字源於他家鄉的名字雷茨亞。現在，雷蒂克這個名字很多人都知道，而他的真名卻鮮為人知。

雷蒂克之所以會成為哥白尼生命中唯一的一個學生，並不是偶然的。他不僅非常聰明，而且對事物總是有著自己獨到的見解。

雷蒂克年僅 22 歲時，就已經在德國一個城市威丁堡當了數學和天文學教授。

他與當時一些宗教改革的領袖，即新教徒的領袖往來頻繁，關係也非常密切。

當哥白尼在《淺說》中提出新的天文學理論時，雷蒂克才 25 歲。他對哥白尼的「日心說」有著濃厚的興趣，這種理論的新穎和大膽使他折服。

因此，雷蒂克不顧路德對哥白尼的強烈不滿，毅然決定要到哥白尼的身邊去。他要去聆聽和了解哥白尼新理論的心情那麼的迫切。

　　1539 年，初夏時節，雷蒂克歷經一個多月的辛苦路程，慕名來到了瓦爾米亞的神甫駐地。

　　當時瓦爾米亞主教已發出指令，嚴禁閱讀和私藏路德教派的讀物，違者要處以刑罰。而雷蒂克作為路德的友人，他的到來自然成為轟動弗龍堡的大事件。

　　有人在輕輕地敲門，哥白尼聽到敲門聲，先是愣了愣，他猜想：是誰來光顧這冷寂的書齋呢？

　　哥白尼慢慢地站起身來，給來訪者開門。出乎他意料的是，走進來的是一個年約二十五六歲的青年人。

　　只見青年人一副風塵僕僕的樣子，他手裡拿著略顯破舊的草帽，腋下夾著一把雨傘。不用問，打眼一看就知道他是遠道而來的。

　　青年人以崇拜的眼神凝望了哥白尼一會兒，自我介紹道：

　　「您好！請原諒我的冒昧打擾。我是從德國來的，我叫雷蒂克。」

　　哥白尼想，這個年輕人不遠千里辛苦地跑來，一定有什麼重要的事情，就問道：

　　「年輕人，你是路過我這裡，還是有什麼重要的事情？」

　　「不，我是來拜您為師的。我拜讀了老師的《淺說》，您的發現真是太奇妙了，只有天才才會有這樣的創見。所以我特別崇

拜您，想拜您為師。請您原諒我的冒昧。」

「看你的樣子，年紀似乎不大。你是大學生嗎？」

「不，我是威丁堡大學的教授，不是學生。」

雷蒂克的神情顯出幾分拘謹、靦腆和惶然，臉也紅了。

「那篇文章嘛？可以說就是我即將完稿的《天體運行論》的提綱呵。」哥白尼說。

「啊，您竟用了30年的時間來寫這本書！」

雷蒂克驚訝得彷彿是哥倫布發現了新大陸，痴痴地張大了嘴巴。

「這就叫做『現象引導科學』嘛。」哥白尼緩緩地說。

看到雷蒂克略帶疑惑的目光，哥白尼繼續解釋說：

「一個研究天文學的人，必須從實際現象入手，而不能單靠主觀的猜想和臆測。觀測天文現象又需要花費大量的時間去獲得豐富的數據和進行異常複雜的運算。」

「老師，不瞞您說，我知道路德他們反對您的學說，還捉弄您。那是因為他們根本就不理解您的學說。儘管宗教改革意義重大，可您發現的地動日心說的意義，要遠遠超過他們！」

哥白尼覺得自己已經開始喜歡上眼前的這位年輕人了。

博學多才的智慧，豐富的閱歷，使他一看到這個年輕人就

覺得雷蒂克是個聰明、誠懇，而且又能吃苦、有見地的人。

雷蒂克說得真好，他與哥白尼似乎是一見如故。

在交談中，哥白尼關於宇宙的深邃思想，使雷蒂克激動不已，為此他改變了原本的行程計劃。

在最初的計畫中，雷蒂克想做的只是要親耳聆聽哥白尼的新理論，而現在，他決定在瓦爾米亞一直待下去，誰想一待就是兩年。

就在雷蒂克到來前夕，正是丹蒂謝克主教圍繞哥白尼同安娜的關係，在社會上掀起喧囂惡浪的時候。

安娜被迫離開之際，哥白尼正陷入難以解脫的孤獨苦悶的境地，雷蒂克的到來，正好填補了這塊空白。

「哥白尼先生，這是我給您帶來的禮物。」

雷蒂克給哥白尼帶來了一些很珍貴的圖書數據作為禮物，其中幾本是關於天文學和與天文學有關的書。

「太好了，太好了！這些都是我求之不得的，真是太謝謝了。」

談話中，哥白尼敏銳的目光中又增添了幾分喜悅的神采。他似乎看到了前途的光明正照耀著他。

他翻開書的扉頁，看到雷蒂克在每本書的扉頁上認認真真地寫著：

「奉獻給享有盛譽的大師尼古拉‧哥白尼博士先生、約阿希姆‧雷蒂克的導師大人。」

雷蒂克非常崇拜哥白尼，一直稱他為「我的主人和老師」或「導師大人」。

雷蒂克給哥白尼帶來的書可以說是一份最珍貴的禮物。

因為在當時，出版業並不發達，搞書是很困難的事。為了搞到新出版的托勒密的書，哥白尼曾經做過無數次的努力，都沒有成功。

這次雷蒂克給他帶來了這麼一大批精美的圖書，其中也有用希臘文出版的，而在此之前都只是用拉丁文出版。

那本歐幾米德的《幾何學》，早在 50 年前，哥白尼就看了拉丁文的譯本。

在新得到的這個希臘版本中，增添了哥白尼尚不知曉的列先蒙坦有關三角形的論述，這對哥白尼從事三角計算是很有用處的。除了這本書之外，雷蒂克還帶來了巴伐利亞傑出數學家和天文學家彼得的著作以及波蘭西利西亞地區優秀學者維泰隆的著作。彼得發明了幾件天文儀器，並在他的書裡加以介紹。

後來，哥白尼曾在這些書頁的白邊上寫下了不少批註。

比如在格伯著作的第一卷題目上方，哥白尼寫道：「托勒密的傑出誹謗者。」在另外一處寫道：「為什麼托勒密會弄錯？」

　　不過，最讓哥白尼高興的是托勒密及其評論員亞歷山大城泰翁的著作，這本書是 1538 年在巴塞爾用希臘文出版的。這也就意味著，此書是雷蒂克去弗龍堡前不久剛剛出版的。

　　哥白尼看到這些書，真是太高興了，問：

　　「你是從哪裡弄到這些書的？」

　　「我知道，這些書一定是您非常需要的。」雷蒂克說。

　　「以後，我的書出版，也要作為禮物送給你的。」哥白尼欣喜若狂地說。

　　哥白尼也確實是打算這樣做的。在雷蒂克拿到已經出版的《天體運行論》回來時，他便把新版的《宇宙天體》一書贈給了雷蒂克，並在書上親筆寫下了「獻給約阿希姆・雷蒂克」的贈言。

　　然而，病情危重的哥白尼大概並沒來得及把這份禮物送給自己的學生。

　　一到弗龍堡，雷蒂克便迫不及待地開始閱讀哥白尼的著作，這部著作從醞釀寫作到最後完成整整經歷了 30 個春秋。

　　雖然其中的主要觀點在 1515 年發表《淺說》時已經形成，但哥白尼為了讓這種觀點建立在一種可靠的科學事實的基礎上，他以堅忍不拔的毅力不間斷地觀察和計算，不斷地修改和補充，厚厚的一沓稿紙，每一頁都凝聚著哥白尼艱辛的勞動。

　　雷蒂克越讀越感到這部著作的可貴，對其中的科學價值領

會得越深。

當時在弗龍堡，安娜事件已經鬧得滿城風雨，現在又來了一位新教徒，人們對他的到來更是有著種種猜疑。

恰好，就在這個時候，海烏姆諾主教鐵德曼從盧巴瓦向哥白尼發出了邀請。

「雷蒂克，這是我最好的朋友發來的邀請。我也想去那兒散散心，你陪我一起去，好嗎？」

「好的，導師大人，我樂意為您效勞。」

於是師生兩人便出發了。

到了盧巴瓦，幾個人交談的主要議題就是盡快出版哥白尼的著作。開始，談到著作的出版，哥白尼還是有幾分猶豫。

可是，雷蒂克和鐵德曼結成聯盟，一道說服了哥白尼。

「老師，不用說您也明白，您的書有扭轉乾坤的重大價值，應該讓世人儘早知道才對。我想，您還是應該儘早發表為好。」

雷蒂克的語言熱情洋溢，鋒芒畢露。

「是啊！我們這把年齡的人，在作古之前，應該把著作出版。世俗的譏響對我們來說算得了什麼呢？」

鐵德曼的勸說則委婉細密，很有說服力。

哥白尼用殷切的目光望著老友，誠懇地說道：

「你們說得也有道理。原來，我只想發表天文觀測圖表，因為這是我多年前作過許諾的。既然你倆都要我發表我的書稿，我想，我的身體越來越差，也許是歲月無多了，得罪名人也罷，有人攻擊我也罷，我已經無所謂了。那麼，就按你們的意思辦吧！」

「好，雷蒂克，這下咱倆可要全力以赴了。你去聯繫出版商，我們要盡快讓書稿問世。」

一樁震驚世界的大事就這樣敲定了。

一場席捲整個世界的科學改革風暴即將降臨。風燭殘年的哥白尼放下了自己的一切，他準備用自己最後的餘熱來掀起這場革命。

為出版天文著作的努力

從盧巴瓦回來以後，雷蒂克便開始為哥白尼著作的出版做鋪路工作，他決心要讓哥白尼在天文學界，也在廣大人文主義者中獲得良好聲譽。

1540 年，雷蒂克在格但斯克出版了一本書，獻給自己的老師哥白尼。這本書的書名十分長，叫做《致光榮的大師揚‧紹內爾先生，一位年輕的數學愛好者、托倫人、瓦爾米亞神甫、學

識非常淵博的大師和傑出的數學家尼古拉‧哥白尼博士先生有關旋轉運動的幾卷書，初講》。

在題目下，雷蒂克刊印了一句希臘格言：「誰想研究哲學，誰就應是精神自由者。」這是對哥白尼著作的最初反應。

在這篇《初講》中，雷蒂克介紹了《天體運行論》的主要論點，強調了這些論點的新穎性。

《初講》介紹了《天體運行論》第一部分前十章的內容，其中寫了雷蒂克直接了解到的有關哥白尼生活的一些趣聞，以及有關出版哥白尼著作的客觀條件。

雷蒂克出自對老師的尊重，從不直呼哥白尼的姓名。雷蒂克在《初講》中對揚‧紹內爾寫道：「我希望你能相信，我介紹的這部著作的作者同列告蒙坦相比是不遜色的。

「但我更願把他同托勒密相比。這倒不是我的導師同托勒密有共同之處，即藉助上帝的恩賜對天文學實行預定的改革。幾乎有 40 年的時間，他在義大利和瓦爾米亞觀測了日食和太陽運動情況。

「我的導師、博士先生起碼是不比托勒密遜色。因為他發現，托勒密觀測太陽和月亮的執行情況是非常認真的。

「為此，我的導師、博士先生的天文學說可能被認為是永久性的學說。這個學說已經被以前各世紀的觀察所證實，毫無疑

問，也將被後代的發現所肯定。」

當正文全部寫完之後，雷蒂克在結尾處寫道：「真理必勝！勇敢必勝！讓科學永遠受到尊重吧！願每一位大師都在自己的探索中揭示出一些有益的東西，並且逐步把它展示出來，以便使人們隨時可以看到。他探索的僅僅是真理。我的導師任何時候都不懼怕那些值得尊重的學者們的評論，相反，他很樂意傾聽這種評論。」

毫無疑問，雷蒂克是第一位發現哥白尼學說對科學發展具有劃時代意義的學者。

他撰寫《初講》時的出發點是要為哥白尼的事業爭取支持，而不是去傷害任何人。

他要爭取的對象主要是人文主義者。因為哥白尼推翻了托勒密和許多其他古代學者的基本論點，揭示了另外一些被遺忘的學者的正確觀點，這在當時是很危險的。

他有可能被那些敏感的崇拜古代學者和哲學家的人文主義者看成是反人文主義者。

雷蒂克設法先排除這種可能性，所以他特別強調了哥白尼同古代科學的聯繫，並且指出，博士先生正在發展古代學者的思想和修正他們的錯誤。

雷蒂克的《初講》成了科學生活中的一個重要事件，引起天

文學家、數學家、哲學家和其他人文主義者的巨大興趣。

這本書很快就再版，這使哥白尼迅速聞名遐邇，轟動了波蘭。很多學者和朋友鼓勵和催促哥白尼公開出版他的鉅著。

為了讓哥白尼的著作順利出版，鐵德曼常常利用各種機會在義大利高級教會人士中傳播哥白尼的理論和觀點，他想透過這種方法為哥白尼的學說順利問世打下基礎。

由於鐵德曼的大力宣傳，哥白尼的思想竟然讓方濟各會紅衣主教尼古拉·肖恩貝格知道了。他對於哥白尼的學說很感興趣，甚至直接給哥白尼寫了一封誠懇的信：

方濟各會紅衣主教尼古拉·肖恩貝格向尼古拉·哥白尼問好。

幾年前我聽說了你的名字。關於你的天才，整個輿論的看法是一致的。

當時我對你產生了較大的好感，並且向以你為主的人們表示祝賀。你像一朵鮮花一樣在我們之中綻開。

因為我知道，你不僅深諳古代數學家的發現，而且建立了一個新的理論。

在整個新理論中你教導人們：大地在動，太陽是宇宙的根本，所以占有中心位置。

月亮連同它所在天層的各種因素位於火星和金星天層之間，每年繞太陽旋轉一周。

你還編撰了關於這一天文體系的《淺說》，並為所有被弄錯了的星球運動重新編寫了圖表，這使得所有人讚嘆不已。

為此，學識淵博的大師，如果你不覺得我討厭的話，我請求你，強烈地祈求你，把你的發現給科學愛好者們分享，並盡快把你有關天體的研究材料連同圖表及其他各種有關材料郵寄給我。

我已經派萊登的特奧多裡克去你那裡，由我出錢請他把你的材料寄給我。

但願你能滿足我的請求。你知道我是崇拜你的人，並渴望為像你這樣偉大的天才說句公道話。

祝你健康。

哥白尼接到這位開明的紅衣主教的信，真是既高興又擔心，高興的是紅衣主教肖恩貝格理解了自己的思想，同時也擔心教會要是知道了詳情，自己很可能會遭到教會的迫害。

但是哥白尼萬萬沒有想到的是，他的笑容還未斂去，這位開明的紅衣主教大人便去世了，而他原本極有可能成為哥白尼學說的庇護人和捍衛者的。

支持哥白尼學說的紅衣主教的去世，讓哥白尼隱隱地感覺

到了一陣不安，一種不祥的預感浮現在他心頭：也許，真理想要戰勝愚昧，還有一段很坎坷的道路要走。

與批評者的抗爭

哥白尼的預感又一次被證實了，就在雷蒂克和鐵德曼等人為了《天體運行論》積極奔走的時候，仇視哥白尼學說的反對派也暗中出手，向哥白尼射出了毒箭。

1541 年，埃爾布隆格市一個名叫威廉·格納弗烏斯的中學校長創作了一部喜劇，其中不指名地嘲諷了哥白尼。

這個劇本的名字也很長，叫做《論真正的和虛假的聰明，像虔誠的聰明小丑一樣滑稽可笑的劇》。

不久，這出戲就被搬上埃爾布隆格劇院的舞臺，格納弗烏斯還給雷蒂克寄去了一本劇本。這位自以為聰明的人此舉大概是為了當面嘲諷哥白尼吧。

早在 1531 年，就曾經有路德派的新教人士為了諷刺哥白尼而製造了一起鬧劇，這一次上演的新喜劇也正是在那一次的基礎上改寫而成的。

至於格納弗烏斯為什麼要攻擊哥白尼，創作這樣一個極具諷刺意味的作品，在他寫給阿爾布雷希特大公的信中作出了明

確的解釋。

格納弗烏斯在信中明確地說道：「一些大喊大叫的誹謗者和自作聰明的紈褲子弟的行為促使我寫了這本書。他們獲得了有教養和聰明人的頭銜，但這只不過是表面現象和虛假的粉飾，實際上名不副實。」

「也許會有這樣的人，他們更喜歡輕率地詆譭別人的工作，而不願好好向人家學習。這種人可能會指責我們談論的是我們自己不懂的東西，因為在這齣新戲裡我們鞭撻的是一位可笑的星占學家。」

這齣喜劇演的是一個蠢人要給人們呼風喚雨的神話，雖然在該劇中沒有明確地點出哥白尼的名字，但是對話中有幾句顯然是影射哥白尼的。

例如，在該劇情中主角有這樣一句說他的心理活動：「可我確實不知道，是公布這個預言呢，還是保持緘默。」

這個劇本的意思是說哥白尼由於擔心別人不理解，希望把自己的著作和發現隱藏起來。而日心說則把各行星「推離」了自己的位置，這樣一來古代神話中支撐著地球的巨神阿特拉斯也就沒有用武之地，成為多餘的存在了。

由於埃爾布隆格市是受神甫會和瓦爾米亞主教管轄的，格納弗烏斯擔心會招來神甫會和瓦爾米亞主教方面的干預，所以

在劇中刻意迴避了哥白尼的名字。

但在劇本的結尾，格納弗烏斯卻生生地加上了一句惡毒的攻擊性極其強烈的話語：「他認為自己是值得人們尊敬的，因為他是一位博士。」

這樣一來，只要不是傻瓜，誰都能看得出來這位作者對於哥白尼及其學說的不友好。

格納弗烏斯曾經一度以創作出這個劇本為豪，但是這場鬧劇實際上並未給劇作者帶來任何榮耀，相反，倒是給他帶來了不少麻煩。

幾年之後，根據瓦爾米亞主教和波蘭國王的要求，政府撤銷了格納弗烏斯在埃爾布隆格中學的校長職務。

隨後格納弗烏斯隱居到克魯萊維茨阿爾布雷希特大公的官邸裡。但在那裡他也未待多久，就被路德派信徒趕走，最後被迫返回荷蘭老家，不久之後鬱鬱而終。

為了維護哥白尼的清譽，雷蒂克透過在科學界和政界知名人物中散發介紹哥白尼學說的《初講》，對格納弗烏斯等惡意中傷哥白尼的人進行了針鋒相對的對抗。

雷蒂克利用在克魯萊維茨逗留的機會宣傳了哥白尼學說。當時普魯士大公是敵視哥白尼學說的。

1541 年，雷蒂克在返回威丁堡之前拜訪了這位大公，他很

機靈地把事先繪製好的一張地圖和一篇關於地圖繪製術的論文獻給了這位大公，並乘機向他推薦了哥白尼的著作。

地圖是在哥白尼的幫助下繪製成功的，上面畫的是普魯士以及幾個鄰國的地形情況。

哥白尼是一位多才多藝的學者，他在繪製地圖方面很有經驗，曾畫了好幾張地圖。而對於這次特地繪製出來送給普魯士大公的地圖，他自然更是特別用心。

地圖精緻準確，使這位普魯士大公非常喜歡，於是他便給德國另外一位大公和威丁堡大學寫了推薦信。

普魯士大公在信中慷慨地提出：「鑒於可敬的、學識淵博的碩士耶日・約阿希姆・雷蒂克的聰明才智和品德，我們請您開恩，不但要準予他繼續在威丁堡擔任教授職務，而且要恩准他在其教授薪水不受影響的情況下到他想去的地方，出版自己的傑作。」

這樣，由於雷蒂克的機敏，這位大公成為哥白尼學說的保護人，在普魯士地區產生了深遠的影響。

由於普魯士大公的讚賞，哥白尼的著作得到了很多出版商的青睞，好幾位出版商提出願出版哥白尼的著作。

其中有一位是揚・佩特賴烏斯，他給雷蒂克寫了一封熱情洋溢的信，信中對雷蒂克的智慧和強烈的求知慾備加讚揚。這位出版商的目的是希望雷蒂克勸說哥白尼把自己的著作交給他出版。

也就是在這個時候，大出版商安德烈・奧西安德爾從紐倫堡回了信。他表示同意出版，但有一個條件，要在哥白尼著作的序言裡寫明哥白尼的觀點是未經證明的論斷，只是假設，全部理論都是假設。

奧西安德爾想借助這種辦法緩和那些頑固哲學家和神學家們可能持有的反對態度。

奧西安德爾希望用比較溫和的態度，贏得更多人文主義者的支持，其中包括那些反對和摒棄哥白尼學說的人，如菲利普・梅蘭希頓等的支持。

但是，哥白尼絲毫沒有對奧西安德爾妥協，因為他不想放棄自己的學說，也不想用假設來掩蓋那些他已經證明過的論點。

獲悉哥白尼要出版著作，丹蒂謝克主教找到哥白尼，建議把他寫的一篇題詞加進哥白尼的著作中去。

丹蒂謝克了解了哥白尼著作的價值，但並未預見到它會遭到譴責。他發現哥白尼這件事在當時引起普遍興趣，這預示哥白尼的聲望必將迅速擴大，不會遇到任何阻力。

丹蒂謝克非常明智地選擇了和哥白尼緩和關係，他雖然心胸狹隘，卻並不愚蠢。

丹蒂謝克是哥白尼的上司，也是一位傑出的人文主義者，所有的人都認為他是哥白尼著作的保護人，並且希望他能解決

出版這部天文學著作發生的衝突。

但是哥白尼卻並沒有接受這位曾經侮辱過自己，甚至活生生拆散他幸福的主教大人的好意，而是冷冷地拒絕了用他題詞的建議。

幾天之後，列日大學醫學教授雷納‧格馬‧弗里修斯也給哥白尼寄來了一封信，信上寫道，所有人都焦急地盼望著哥白尼「主要著作」的出版。

7月20日，弗里修斯又寄來了第二封信，並且在信中提道：「說地球在旋轉，還是說它一直不動，這對我無關緊要。重要的是我們要準確地了解星球的運動和它們之間的距離，要有精確的計算。」

這個時候的歐洲，所有有遠見的人都已經看到了哥白尼這部著作將要產生的深遠影響，所有的人都在等待，等待它的出版。但是，它的出版就真的能夠一帆風順嗎？

違心的出版品

為了能夠讓哥白尼的著作順利出版，雷蒂克在瓦爾米亞地區和普魯士地區進行了大規模的宣傳和遊說活動，終於成功地使原本敵視哥白尼學說的普魯士大公轉變成了哥白尼學說的庇護人。

在雷蒂克即將返回威丁堡之前，普魯士大公又一次對哥白尼大加讚賞，為他寫了一封介紹信：「藉助可尊敬的偉大學者尼古拉‧哥白尼博士先生令人讚嘆的著作，我們將能準確計算時間和一年的長度，還可以了解太陽、月亮和所有星球是怎樣執行的。」

雷蒂克滿懷希望地回到威丁堡，相信導師的學說不久便會傳遍全世界，所有人都會把他最近揭示和傳播的理論看成是永恆的真理。然而，並非他所預想的這樣，他太樂觀了。

一到威丁堡，雷蒂克就感到了意外，迎接他的是痛心與失望。他發現這裡的人們對他在《初講》中闡述的思想並未表現出熱情，有的甚至是敵視的態度。

也許是受到了路德教領導人馬丁‧路德和菲利普‧梅蘭希頓的影響，德國信仰新教的地區對哥白尼的學說及其宣傳者採取敵視和嘲笑的態度。

1541 年 10 月 21 日，梅蘭希頓曾這樣寫道：「某些人認為，像那個薩爾馬特人天文學家那樣，制定一個推動地球和遏止太陽的荒謬理論是很有意思和合適的。確實，聰明的統治者應該容忍天才者的輕率。我們的眼睛告訴我們，天在旋轉。然而，這裡有人要麼出於好奇，要麼想拿著自己的天才進行投機，正在捉摸地球的運動。」

為了證明自己是有道理的，梅蘭希頓引用了《聖經》上的話：「殉道者在第一章就宣告：『大地常在，太陽昇起，太陽落下。』這使我們相信，上帝的話在引導我們通向真理。我們絕不允許那些認為把混亂引入科學就會使自己的天才受到讚揚的人來矇騙我們。」

馬丁・路德也說了類似敵對的話。看到整個城市都散發著這樣敵對的言論，雷蒂克明白不能在威丁堡大學宣傳哥白尼的觀點了。

路德教嚴厲的檢查制度使雷蒂克感到無法容忍，他是路德教的背叛者，新教信徒豈能歡迎他。

整個威丁堡大學，就只有數學教授伊拉茲姆・萊因霍爾德在一定程度上理解哥白尼的學說。

萊因霍爾德教授在撰寫的論文中曾這樣寫道：「我看到一位新人，一位非常傑出的大師，無論在天文學還是在解釋月球的各種運動方面，他的觀點都同托勒密的模式截然不同。我相信，他必將從普魯士脫穎而出，而他那傑出的天才自然會受到後代的讚賞。」

伊拉茲姆・萊因霍爾德的這些話給予了雷蒂克極大的鼓勵和安慰，他相信只要自己堅持下去，肯定會有更多的人明白和接受老師的學說，到時候離出版也就不遠了。

堅持是正確的，就在雷蒂克在威丁堡和普魯士宣傳的時候，哥白尼的學說在克拉科夫大學學術界獲得了讚揚。

1542 年 9 月 27 日，布科沃的卡普裡努斯在致塞續爾·馬切約夫斯基主教的信中這樣寫道：「相信您的英明會恩准我支持和關心克拉科夫最引以為自豪的那些學科。因為該城是以出了一些天才人物而馳名的，這些天才把這些學問傳播出去，使之放射出光彩。

「許多知名的人物正在德國教授他們從克拉科夫大學學到的數學知識。在有名望的人中我榮幸地列舉瓦爾米亞的神甫尼古拉·哥白尼，他曾經在克拉科夫大學學習過。他寫的數學著作是令人讚賞的，甚至已經準備出版。

「他的知識首先是從我們這所大學學到的，這所大學是他最早的知識泉源。是的，這一點連他自己也承認，說一切都要感謝我們學院。」

儘管威丁堡學術界對雷蒂克宣傳的哥白尼學說採取敵對態度，但這並沒有使雷蒂克氣餒。

當雷蒂克清楚地明白在威丁堡已經無法出版哥白尼的主要著作的時候，便毅然離開威丁堡去了紐倫堡，在紐倫堡他還有許多朋友。

然而，雷蒂克沒有想到的是，在紐倫堡等待他的同樣還是

失望，因為雷蒂克的好朋友紹內爾對哥白尼的學說採取了敵視態度。

紹內爾是紐倫堡地區的一個大出版商，他曾經出版過列告蒙坦的《三角學》，而這本書中的許多內容與哥白尼在威丁堡出版的關於三角的一些結論完全一致。

所以紹內爾懷疑哥白尼抄襲了列告蒙坦的《三角學》。這其實是一個誤會。因為紹內爾並不清楚哥白尼在數學上的天分，是哥白尼自己獨自鑽研出了這個結論，而這個正確的結論恰恰與列告蒙坦的結論完全一致。

在哥白尼得出這個驚人的結論之前，他根本不知道這個世界上還出版過這樣一本《三角學》。

紹內爾由此對哥白尼的學說採取敵視態度，他在寫給希羅尼姆‧施賴伯的一封信中。寫道：「令人震驚的是，竟然有這樣一種人，他們竟不知羞恥地把這位學者發表的著作據為己有，把列告蒙坦的名字抹掉，然後填上自己的名字。我按自己的良心辦事，從不想用他人的外套去討別人喜歡。」

因為這樣一場誤會，雷蒂克和紹內爾之間原本深厚的友誼也就隨之結束了。在這種情況下，雷蒂克也不再指望紹內爾會幫他聯繫出版事宜。

最後，雷蒂克把哥白尼的書稿交給了紐倫堡的出版商揚‧

佩特賴烏斯，由他開始籌備印刷。

「你放心吧。我們負責出版印刷，具體事務由奧西安德爾負責。」佩特賴烏斯揮了揮手，語氣堅定地對雷蒂克說。

「那好，我正要去萊比錫的一所大學擔任教授，一切就拜託你了。」

雷蒂克在紐倫堡只是短暫停留，解決好同出版老師的著作有關的問題之後就到萊比錫去了。

然而，誰都沒有想到的是，雷蒂克的這次離去，竟然無意中鑄成了大錯，等他重新回到紐倫堡時，竟然發現原著被篡改得面目全非，而這，也造成了近代科學史上一樁非常著名的侵權案。

雷蒂克在萊比錫講授數學的時候，佩特賴烏斯將哥白尼著作的具體排版工作交給了安德烈・奧西安德爾負責。這位奧西安德爾就是從前接受哥白尼的學說，但是要他把理論僅僅作為一種假設存在的那個大出版商。

當時哥白尼絲毫沒有對奧西安德爾妥協，因為他不能放棄自己的學說，他不想用假設來掩蓋那些他已經證明過的論點。所以，雷蒂克後來才把書交給了佩特賴烏斯。

誰知轉來轉去，又到了奧西安德爾的手裡了！

這一次，雷蒂克不在現場，哥白尼又重病在床，奧西安德

爾按照自己的意願，強行篡改了哥白尼的原作和思想。

等到 1542 年 7 月，雷蒂克歸來的時候，才發現這個問題，可是那個時候書都已經印刷上市，想要改正為時晚矣。

那麼，人們不禁奇怪，哥白尼為之耗盡一生心血的著作《天體運行論》的本來面目，到底是什麼樣子的呢？

《天體運行論》的真相

在暗無天日的中世紀，想要挑戰傳統神學理念是一件需要極大勇氣的事情。一千多年來，人們在宗教統治下戰戰兢兢地過日子，即便是有人想到了某些自以為正確的結論，卻不敢將它公之於眾。

從哥白尼第一次動筆編寫《天體運行論》到 1543 年最終出版發行，前後竟擱置了近「49 年」。

完成這部著作以後，哥白尼並未停止研究工作，仍然不斷地使用天文儀器進行觀測。這些觀測進一步證實了他的計算結果和得出的結論。

哥白尼想要動搖地心說的統治地位，沒有足夠的證據，是萬萬不能達到目標的。而且對於他來說，這本書就是他的一切，他想要將之更加完美。

在這樣的心理下，哥白尼對這本書進行了反覆的修改，再加上出版的時候被出版商和印刷工人的肆意篡改，這本書的本來面目現在已經很難還原，人們只能根據遺留下來的點滴進行猜測。

《天體運行論》最初是按照什麼樣的順序來撰寫的，現在我們已經很難知道，只知道哥白尼最初將這本著作定為八章，之後刪改成七章，最終出版的時候卻只有六章。

從哥白尼文章中有關天文觀測的描寫可以看出，1525 年前他撰寫了前四章，後兩章則是 1530 年以後寫的。

《天體運行論》從宇宙講到地球，從地球講到地球的構成，從地球的構成講到宇宙中天體的執行，最後自然是天球的排隊順序。如此，六章絲絲入扣，井然有序。

第一卷是哥白尼的宇宙觀念，論太陽居於宇宙的中心，地球和其他行星都繞太陽執行。這就解釋了四季循環的原因。

這一卷結尾處講了三角形的規則，即從三角形的已知某些邊和角去推算其他的邊和角的規則。

這裡所說的三角形不單指三邊是直線的平面三角形，還指三邊是球面上圓弧做成的球面三角形。

第一卷末尾還有一張正弦表。哥白尼在書中大量使用這些規則和正弦表來做計算，以建立他的行星體系。

在這一卷中，哥白尼直截了當地指出宇宙是球形的。這是否因為這種形狀是萬物中最完美的形狀，無須進行任何黏合，就形成完整的整體。甚至還因為宇宙的個別部分，例如太陽、月球、行星和恆星看起來都呈這種圖形。所以，誰也不會懷疑，對神賜的物體也應當賦予這種形狀。

哥白尼指出，地球也是球形的，天體的運動是均勻的、圓周的、永恆的，或者是由圓周運動所組成。

在駁斥了托勒密的地心說之後，哥白尼在第一卷中明確提出了「太陽是宇宙的中心」的論斷。

哥白尼的「太陽中心說」的宇宙體系是這樣的，太陽居於宇宙中心靜止不動，地球和其他行星圍繞著太陽運動，月球圍繞著地球運動，最外層的天層是恆星天層。

第二卷論地球的自轉，指出地球是繞太陽運轉的一顆普通行星，它一方面以地軸為中心自轉，一方面又循環著它自己的軌道繞太陽公轉。

第二卷結尾有一個星表，換言之即是一個記載流星在天球上位置的表格。一個地方以其在格林尼治子午圈的東邊或者西邊的度數作為經度，在赤道南邊或者北邊的度數作為緯度，從而被固定在地球上。

第三卷論歲差，是一個恆星表。第四卷論月球的執行和日月

食。第五卷、六卷論水星、金星、火星、木星和土星五大行星。

哥白尼指出，天體的運動是圓周運動，這是因為適合於一個球體的運動乃是在圓圈上旋轉。圓球正是用這樣的動作表示它具有最簡單物體的形狀，既無起點，也沒有終點，各點之間無所區分，而且球體本身正是旋轉造成的。

哥白尼的這部鉅著是一部偉大的科學著作。他向統治歐洲一千多年的天文學地心說體系下了一封挑戰書，這也是現代天文學革命的宣言！

最讓我們津津樂道的是哥白尼這本書的序言。當初，哥白尼在將《天體運行論》定稿之後，並不急於出版，而是將他封鎖在屋子裡的箱櫃中 30 多年。

因為在當時，想要出版這樣一本書是要冒很大風險的。這個時候應該怎麼辦呢？

「我們不能束手待擒，必須主動出擊！」哥白尼的好友鐵德曼給他出了一個主意，「不如去爭取教皇的支持」。

鐵德曼所說的教皇是保羅三世。這位教皇在位的時間為 1534 年至 1549 年，他曾是著名的人文主義者以及科學和文化的庇護人。

保羅三世曾經對天文學，更確切說是對星占術很感興趣，有許多星占學家圍著他轉，沒有他們的預言他不作任何重大決

定，所以人們都把他稱為「星占學家手中的工具」。

因為保羅三世是一位比較開明的教皇，哥白尼預見到自己的理論將會引起科學革命，所以他要尋求教皇庇護，以免自己的學說被指責為異端邪說。

在 1542 年，哥白尼苦心孤詣地給教皇寫了一封信，在這封信裡，將他稱為數學家（當時天文學家也屬數學家之列），同時還說明了自己的理論的實質及其產生的條件。

關於行星運動的理論已經有兩個，一個是托勒密的，一個是亞里斯多德的。那麼如果有第三個理論，也不足為怪了。何況以前的兩個理論並不令人滿意呢！

亞里斯多德的理論自認為有堅實的物理基礎，但是實際上是很空泛的，而且又不能根據它去編算星行表，以預算行星的運動。托勒密的理論雖然可以作為編算星行表的根據，但是又和當時公認的物理定律發生了矛盾。

我為此感到不安，所以才從希臘和拉丁文的古書中去尋找，看古人是不是主張過更好的理論。因此，我發現有幾位希臘學者曾經假設過地球繞軸自轉，或是和其他行星一樣繞太陽公轉，更或是假設地球同時有這兩種運動，以解釋人們看到的天體在天空中執行的情況。

不但行星的現象是一種自然的結果，即其排列的次序與其

軌道的大小，乃至整個天象都成了一個統一的結果，如果改變其中的一部分便會牽涉到其他部分，以至整個宇宙。

哥白尼特別把古人搬出來的用意，是想要減輕當時人們對於他的指責，避免一些不必要的麻煩。

哥白尼本來想用這封信作為《天體運行論》的序言，但是當他寫這封信的時候，《天體運行論》已經交付印刷，而到了出版商那裡，這篇既定的序言被直接替換成了一篇《與讀者談這部著作中的假設》。

可是，科學、真理，真的能夠那麼容易被隱藏、被遮掩嗎？

不，這是不可能的！不管人們怎麼歪曲事實，終有一天，科學會戰勝愚昧，曾經惡意的篡改都將被還原成本來真實的面目。只是這一天的到來太晚了，哥白尼再也看不到這輝煌的一幕了。

天文巨星的隕落

1542 年秋天，哥白尼已經是一位年近 70 歲的老人了。人到晚年，各種疾病就都接踵而來。哥白尼雖然是醫生，也很注重身體的調養，但是還是不幸染上了一種惡疾。

哥白尼帶著近乎絕望的心情在雷蒂克贈給他的一本書上，寫下了這樣幾句話：

生命的短暫、思想的遲鈍、麻木的粗心和徒勞的忙活，使我們無法獲得更多的知識。而我們所知道的東西，隨著時間流逝也逐漸忘卻。多麼可憎可怖的忘性呵！

鐵德曼已經從神甫的信中得知了哥白尼患病的訊息，他在 1542 年 12 月 8 日，從盧巴瓦發出一封回信。

信中這樣寫道：「我懷著十分焦急的心情期待著傑出的大師尼古拉·哥白尼先生的那本數學著作。據尤斯塔許先生說，那本著作正準備付印。如果能按時出版的話，那麼大師的努力就會放射出不朽的光輝。我祝願這位應該長壽的人的生命能超過自己的著作。」

「咚！咚！咚！」門口傳來了一陣輕微的敲門聲。

「快去開門。」

僕人趕快出去開門，雷蒂克從窗戶向庭院望去，原來是消失已久的安娜強作笑臉地走了進來。

安娜明顯消瘦了，風韻猶存的面龐上已出現了皺紋，棕色的頭髮顯得有些蓬亂。這都是邪惡勢力的摧殘所致。

「老師，您看誰來了！」

雷蒂克興奮地見到久未露面的安娜，心頭湧上一陣酸楚的

滋味。他立刻掩飾了自己悲憐的心緒，走向病床興奮地指給哥白尼說。

「安娜，是你嗎？真的是你嗎？」哥白尼伸出顫抖的右手，緩緩地向安娜伸了過去。

「是我，親愛的，是我。你怎麼樣，好些了嗎？」

「我很好，沒事的，你不要擔心。你瘦了。都是我不好，沒能夠好好保護你呀！」哥白尼抹去了安娜面頰上的淚痕，心痛地說。他模糊不清的眼睛似乎閃過了一絲喜悅的光點。在他的腦海裡，不用細看，安娜也是永遠清晰秀美的。

「不，親愛的，不是你的錯。你不要亂想了，好好養病，很快就會好起來的。」安娜輕聲地安慰著哥白尼。其實她心中也清楚，哥白尼只怕很難再好起來了。

「不要離開我，安娜！求求你，不要再離開我。」哥白尼像一個受傷的孩子，他緊緊地抓住安娜的雙手，生怕下一刻她就會離去一般。

「好，我不走了，我永遠都不走了。你放心吧。」

安娜堅定地點了點頭。她恨可惡的教會，是他們驅逐了自己。哥白尼的心靈受到了如刀割般的創傷，他的病情怎麼能不加劇呢？看著自己心愛的人掙扎在死亡的邊緣，她的心也在淌血啊！

安娜在弗龍堡待了幾天，精心幫哥白尼餵飯、擦身、換衣。不知道是不是因為安娜到來的緣故，哥白尼的精神似乎好上了很多。

「安娜，你將筆和紙給我。」哥白尼抬起左邊可以活動的手，指了指書桌說。

安娜乖巧地拿過紙和筆，看了一眼說話吃力的哥白尼，她知道哥白尼這是要留遺囑了。

是的，哥白尼本身是醫生，對於自己的身體狀況，又怎麼會不知道呢！他這是迴光返照呀！如果這個時候不再抓緊時間立下遺囑，只怕要遺憾終身了。

哥白尼緩緩地在紙上寫下了他的遺囑：

神甫的位置由他的外甥揚‧洛伊特士接任。他收藏的醫學書絕大部分送給利茲巴科的主教圖書館，其餘的一小部分送給神甫圖書館，以及一些好友。

生前留下的錢財全部留給自己的外甥女。把一些房產處理了，其中有一間房子留給安娜。

將這些生後的事情交代完，哥白尼彷彿辦完了人生歷程上的最後一件事兒，嘴上露出一絲寬容的微笑，心安理得地等待著死神的召喚。

哥白尼的健康狀況一天天惡化，康復的希望也日益渺茫，

他的生命已經不長了。

書，我的書，那本耗盡了我一生心血的《天體運行論》出版了嗎？雷蒂克，我的學生，你在哪裡？老師快不行了，多麼想要見你最後一面啊！

這個時候正是哥白尼的著作剛剛裝訂完畢之時，塞巴斯蒂安·庫什來到紐倫堡為德皇卡羅爾五世採購科學書籍，正巧買了哥白尼提出新理論的著作，並把它寄給了皇帝，同時附了一封信。

信上寫道：「尼古拉·哥白尼是一位數學家，他撰寫了六卷關於天體執行的書。這些書剛印完，我決定把它們給陛下寄去。因為我知道皇帝陛下是數學愛好者，看看和了解一下這位作者的意見和幻想是蠻有趣的……」

由此可見，哥白尼著作出版後的首批讀者中就有一位皇帝，人們把這部書作為一種有趣的科學幻想書推薦給他。

1543 年 4 月 24 日，烏雲遮住了太陽，天空落下一陣大雨，像是流不完的愁苦的淚水。窗外一片朦朧之色，正在哥白尼身邊照顧他的安娜不得不去關好窗戶。

突然之間，哥白尼呼吸急促，兩腮發紅，眼睛睜得大大的，像是想要吶喊，卻又喊不出來。

「不好，哥白尼快不行了！來人，快來人啊！」

而這個時候，雷蒂克正在緊急往回趕，狂風暴雨中，他駕駛著馬車飛快地趕來。

「快一點，再快一點！老師，你等等我，學生馬上就回來了。」這個時候的雷蒂克恨不得身上裝有一對翅膀，能夠早一點趕回老師的身邊。

「老師，我來了，我來了。老師你堅持住。」雷蒂克剛剛到家，就被告知哥白尼快不行了，他匆匆拿上一卷剛剛印刷出來的《天體運行論》，就衝到哥白尼的床前，將書塞到老師的手中。

「書……我的書……」

哥白尼的呼吸急促，他的左手在書上緊緊地抓著，彷彿是在緊握一件絕世珍寶，又彷彿是在珍惜這最後的時光，直到他的雙手變得冰涼。

哥白尼永遠都不會知道，他拿到手中的這卷書籍早已經被篡改得面目全非，更不知道他親手書寫的序言被人替換成了一篇假設。

「導師，我的導師，你走得太快了，連你的書也顧不上看一眼。你可是答應為我親筆簽名的啊，導師，導師啊！」

對家屬的迫害

哥白尼死了，但是事情卻遠遠沒有因此而結束，圍繞著他的日心說和那本被篡改得面目全非的《天體運行論》，歷史又往後整整推移了 400 年，才將榮譽歸還給這位偉大的天文學家。

哥白尼的《天體運行論》問世之後，猶如火山爆發一般，震撼了整個歐洲的天文學界以至自然科學界。

那些反對哥白尼學說的人都站出來反對它、抨擊它，從各方面打擊哥白尼的學說。

因為《天體運行論》出版的時候哥白尼剛好去世了，這些反對者不可能再對哥白尼做些什麼事情，於是他們就把怒火轉移到了哥白尼的親人和朋友身上。

哥白尼生前唯一的學生雷蒂克被這些憤怒的反對者毆打，趕出了紐倫堡。而與哥白尼相愛的安娜更是遭到了這些人無情的打擊。

1543 年 5 月 10 日，神甫會在寄給丹蒂謝克主教的一封信中寫道：

眾所周知，尊敬的尼古拉·哥白尼博士先生生前的一位女管家安娜·希林是為什麼從這裡被驅逐的。

而現在又時常能在這裡見到她了，她一來就要待上幾天。

據說她來的藉口是要辦自己的事，因為迄今為止她在這裡還有一座房子。不過這座房子大概已經在昨天被她賣掉了。

我們想，是否還能從法律上禁止她到這裡來，既然現在已經不存在什麼障礙了。因為排除根源以後，後果也會消失。但是關於這個問題在未徵得閣下同意之前我們不想作出任何決定。

幾天之後，對安娜回弗龍堡感到不安的丹蒂謝克主教給弗龍堡的神甫們回了一封信，非常無情地表達了他的想法。信中說：

我真心熱愛的、尊敬的兄弟們，那個被我們驅逐的女人又回到了你們那裡。不管她有什麼原因，都不值得我們贊同。

因為值得擔心的是，兄弟們，不要讓她使用曾經征服那位不久前去世的人的方法再征服你們之中的任何人。

兄弟們，雖然這取決於你們的意志，但我們認為，對她在你們那裡逗留加以制止總比允許同此種瘟疫接觸更好。你們知道，她為我們教會帶來了多少損失啊！

這些毒如蛇蠍的話語，像尖刀一樣刺痛了安娜的心。她跟跟蹌蹌地跑到哥白尼的墓地前去祭奠他，向他訴說她胸中的鬱悶。她悲傷地說道：「親愛的，你知道嗎？活著真比死了更痛苦。這些人不但無恥地篡改了你的著作，還對我們這些活著的人大加攻擊。

「親愛的，因為你的存在，我的存在才有意義。現在你不在了，我活著還有什麼意思呢！我將追隨你而去，讓這些無恥的惡徒們知道，我們的愛是神聖的。他們可以篡改你的著作，可以攻擊我的人身，但是不能改變我們永恆不變的愛情。」

安娜哭得那樣傷心，那樣悲慟，那樣絕望，淚水像山洪暴發似的不可阻擋。然後，她像一頭凶猛的獅子一般，在那些窮凶極惡的教會信徒眼前，一頭撞向了哥白尼的墓碑。

安娜，這個勇敢的女人，用她的生命為哥白尼和她的愛情洗刷冤屈，用她的死來告訴那些罪惡者，愛情是烈火，是無法用流言飛語澆滅的，真理是無法用肆意的篡改就可以湮滅的。

哥白尼去世後，鐵德曼和雷蒂克肩負起了宣傳日心說的重擔。對於出版商肆無忌憚地將哥白尼的原著加以篡改，鐵德曼十分憤怒，而出版中的錯誤使他無法容忍。

鐵德曼在寫給雷蒂克的一封信中表達出了他這種悲憤的情緒，他這樣寫道：「失去一位兄弟、一位傑出大師的悲哀，本可以透過閱讀他的著作得到安慰，他的書會使我感到他又回到了生活中。

「然而在這本書的序言中，我卻看到了一種可惡的行徑，你把這稱為佩特賴烏斯的背叛是何等正確呀！正是這種背叛行為給我帶來了比原有的悲哀更加難忍的痛苦。」

　　為了還原哥白尼的原著，鐵德曼提出了申請給紐倫堡議會，希望能夠懲罰那個出版商佩特賴烏斯，並且收回已經在市場上流通的作品，重新刊印哥白尼的原著。

　　可惜的是鐵德曼的這一心願並沒有實現。市議會透過決議，沒有給佩特賴烏斯任何處罰。

　　佩特賴烏斯把哥白尼的著作當做是一筆有利可圖的生意，他不願冒風險去作什麼修改，再說他排印的這種說法也是符合菲利普‧梅蘭希頓的主張的。

　　但是鐵德曼是一名主教，佩特賴烏斯也不想得罪這位有身分有名望的主教大人，於是他在尚未售出的那部分書裡增加了一個勘誤表，用以更正由於疏忽所造成的印刷錯誤。

　　宗教界的權威人士公開辱罵哥白尼是「瘋子」，並且說：「這個傻瓜就是這樣想把全部天文學連底兒都翻過來！」

　　可是，真理是不會被埋沒的，哪怕是一時的詆譭，也阻止不了這種科學的想法的蓬勃發展，真理必將戰勝愚昧！

真理的捍衛者們

　　哥白尼的學說漸漸地在歐洲流傳了開來，一開始的時候教會並沒有關注到這個學說的可怕之處，他們任由那些反對者去

抨擊這種學說。

但是隨著日心說的廣泛流傳，教廷終於感覺到了這種學說的可怕之處：哥白尼對於宇宙的認識從根本上推翻了亞里斯多德以來地球是宇宙中心的說法。

日月星辰不再圍繞著地球旋轉，而都是圍繞著太陽旋轉，那麼上帝住哪兒？去住在那滾熱滾熱的太陽中嗎？

「如果地球也是行星之一，那麼聖經上所說的事情就都不會發生了，那麼誰還會相信我們的話，教會拿什麼來維持統治？來人，快快下令，將《天體運行論》通通回收，全部焚毀，一定要把它燒成灰燼。」

羅馬教廷害怕了，哥白尼的學說觸動了他們的統治地位，他們想盡一切辦法阻止這種學說的流傳。

但是，真理是阻止不了的，舊傳統的力量是阻擋不住真理和科學的光芒的。雖然會有流血、有犧牲，但是堅定地信任科學總有一天能夠戰勝黑暗的統治。

在哥白尼生活工作過的地方弗龍堡，每年總有一些人前來參觀和憑弔。這些人中間產生了哥白尼學說最早的信仰者，他就是丹麥著名天文學家第谷・布拉赫。

第谷以擅長於天文觀測著稱，他發明了新的觀察儀器，改進了舊的儀器。

第谷孜孜不倦地觀察了 20 年，對各個行星的位置作了測定，誤差不大於 0.067 度。這種觀察精確度之高在同時代是無與倫比的，可以說已達到肉眼觀察所能達到的極限。

第谷編制的行星表也相當準確，因此人們稱他為「星學之王」。由於第谷的聲望和才能，1576 年他被聘為皇室天文學家，受到特別優待。國王還撥出鉅款，在濱海的一個島上為他修建了一座天文臺。這比起哥白尼來他的工作條件，可算是非常優越了。

第谷非常崇拜哥白尼。1584 年他專門派了學生到弗龍堡，以便在那裡考察驗證哥白尼做過的一些計算，並收集有關哥白尼的文物。

他在自己的觀察站裡懸掛了哥白尼的畫像，還曾寫詩讚頌過哥白尼。他稱讚日心說是「美麗的幾何結構」，為它的簡潔、清晰、能有力說明現象而讚嘆不已。

儘管如此，第谷並沒有接受哥白尼的學說。他是一位相信事實的天文學家，他認為如果地球在旋轉，那麼在地球上觀察恆星時在不同的時候應該有差別。而第谷在觀察中從未發現過這種視差。

第谷發現了托勒密學說的缺點和矛盾，又了解到了哥白尼學說的先進，但由於缺乏前瞻性，擺脫不了常識的束縛，第谷並不認為地球這樣「既大且笨」的東西會動。

所以第谷採取了折中的策略，他自己另行設計了一套混合體系，又被稱為第谷體系。

第谷吸取了哥白尼體系的精髓，認為行星是繞太陽而非繞地球執行的，但他仍然把地球靜止在宇宙中心，認為太陽統率著行星、月亮同整個恆星天穹一起圍繞地球作晝夜旋轉。

充分理解哥白尼學說意義的是德國學者約翰尼斯·開普勒。開普勒是第谷的助手，從第谷那裡得到了他畢生測量的大量數據。

開普勒也是了解奧西安德爾篡改哥白尼原著的第一位學者，並且成功地收集到一本未經篡改的原著《天體運行論》以及奧西安德爾寫給哥白尼和雷蒂克的信件。

開普勒不僅理解哥白尼的理論，而且又把它向前推進了一步，他發現並解釋了三大定律。

第一定律，所有行星分別在大小不同的橢圓軌道上運動。太陽的位置不在軌道中心，而在軌道的兩個焦點之一。

第二定律，行星的向徑，即太陽中心到行星中心的連線在相等時間內所掃過的面積相等。

第三定律，行星繞太陽運動的公轉週期的平方與行星軌道半徑的立方成正比例。

以上三個定律被稱為開普勒定律。

開普勒獲得了對行星運動的清晰認識。哥白尼體系到了開普勒手中真正變成了一個相當簡潔、明晰、統一的體系。

伴隨著文藝復興運動的蓬勃發展，新的科學曙光已經浮現在世間。中世紀教廷為了維持他們的專制統治地位，在這個時候對所有的異教和科學進行了無情的毀滅和打擊。

科學與宗教最大的一次較量開始了。為了打破宗教賴以維繫統治的理論基礎，一代又一代的真理信奉者們用自己的熱血和生命宣揚和捍衛了哥白尼的日心說。

科學戰勝無知

第一個真理的殉道者是布魯諾。布魯諾是義大利的科學家，同時也是哲學家和文學家，他認真研究並發展了哥白尼的「日心說」。

1592 年，布魯諾返回義大利，後來在威尼斯被羅馬教廷逮捕。在羅馬教會的宗教法庭上，紅衣大主教羅伯特主持對布魯諾的審判。就是這個羅伯特，在 30 年後還審判了伽利略。

「布魯諾，你還堅持地球在動嗎？」羅伯特聲調陰沉而得意。

「在動，地球在動，它只不過是繞著太陽轉圈的一顆星

球。」布魯諾連看都不看羅伯特一眼。

「你要知道，如果你堅持追隨哥白尼，等待你的將是火刑！」

「我知道，當初你們沒有來得及處死哥白尼，是還沒有發現他的厲害。其實他對你們還算是客氣的，他說太陽是宇宙的中心。我說宇宙是無限的，上帝是管不了它的！」

「住嘴！照你這麼說，上帝在什麼地方？」

「對不起，宇宙中沒有給上帝安排地方！」布魯諾一臉不屑地說道。

「燒死他！」羅伯特狂怒起來。

布魯諾沒有被立即燒死，而是被囚禁在羅馬宗教裁判所的監獄裡。為了迫使他改變進步觀點，教會連續折磨他達 8 年之久。

後來又為了利用布魯諾的聲望挽回四面楚歌的局面，教會想迫使他當眾悔過。但是威脅利誘、恐怖手段都不能使布魯諾這位堅強的戰士改變自己的信仰。

教會無計可施，宗教法庭宣判對布魯諾使用火刑，罪名是羅馬教皇對他的評價：「一個死不悔改的異端分子。」

布魯諾走出法庭，轉過身來輕蔑地說道：「我看見了，你們在讀宣判書時比我走向火堆還要恐懼！」

1600 年 2 月 17 日，在羅馬的百花廣場上，布魯諾英勇地走向了火刑柱。他的殉道者形象成為後世科學與宗教抗爭的代表。

布魯諾雖然被黑暗的羅馬教廷化為了灰燼，但他的精神不死，科學永存，芳名萬世！

十五六世紀時，歐洲到處點燃了火刑柱，在波蘭指責哥白尼的活動還沒有停止。

1543 年，紅衣主教斯福爾扎曾寫過一封信給教皇保羅三世，信中說道：「波蘭人、瓦爾米亞神甫尼古拉‧哥白尼過分相信自己的眼睛和頭腦，公然違背聖經和科學去證明地球是圍繞太陽轉的。

「很顯然我們對這種嚴重侮辱聖彼得後代的行為放任不管，那就意味聖父您也要被迫同地球一道圍繞太陽飛翔。這是對陛下您最大的冒犯。

「但如果我建議對其置之不理，那是因為有一種力量鼓舞我產生這種想法，如果魔鬼點燃了火星，而我們再吹風就可能使其釀成火災。為此，我們寧願繞開魔鬼的陷阱，因為教會的敵人已經夠多的了。」

紅衣主教的譴責立場是再明顯不過了，尤其是布魯諾被施行火刑之後，教會把哥白尼的理論也劃入禁書之列。

1616 年 3 月 8 日，教會中負責禁書任務的主教對哥白尼的

學說作出了結論：「尼古拉・哥白尼在《天體運行論》中提出的關於地球運動和太陽系，是違背聖經的。畢達哥拉斯信徒式的偽學說已經傳播開來，並日益被許多人所接受。為此，教會認為，為了不使這種學說進一步蔓延，危害天主教真理，有必要對其加以禁止，直到它得到修正為止。」

不久，經過保羅五世批准，把哥白尼的著作列入禁書目錄，雖然不是全部，但卻是那些包含了基本論點的書。

1564 年，文藝復興的故鄉義大利又誕生了一位日心說的辯護者伽利略。他是偉大的物理學家，用望遠鏡觀察天體並取得大量成果的第一人。

伽利略素有「天空的哥倫布」之稱，因為他在人類認識天空的歷史上有許多「第一次發現」。

伽利略首先發現月球表面覆蓋著綿延起伏的山脈和蒼茫的平原。他第一個看到了太陽上的黑子，木星有四個衛星，金星、水星有盈虧現象，以及銀河是由無數恆星組成的等等。

伽利略之所以有這些發現並不是因為他的眼睛特別好，而是因為他第一個仿製出倍率較高、初具雛形的望遠鏡，並且最先懂得把鏡筒瞄準夜晚的天空。

這樣，伽利略的眼光才得以深入宇宙，有了一次又一次的新發現。他的發現為哥白尼的理論找到了無可辯駁的論據。

伽利略接二連三的發現使教會很驚慌，他們感到自己腳下的土地已經在動了。

教會先是攻擊伽利略，說望遠鏡是「瀆神的玩具」，伽利略的發現是「眼睛的錯覺」，「醜惡玻璃片中的光的反射」。後來便動用了教會的專政機構——羅馬宗教法庭，來對付伽利略。

1615 年，伽利略被法庭傳訊，在法庭上他被迫保證不再宣傳哥白尼的學說。以後伽利略雖然沒有公開宣傳日心說，但他在暗暗醞釀新的突破。

作為哥白尼學說的擁護者，1628 年，伽利略完成了一部重要著作《關於托勒密和哥白尼兩大世界體系的對話》，用確鑿的論據來說明日心說的正確，有力地批駁了地心說的荒謬。

在這部書裡，伽利略以 4 天的對話而在層層深入中支持並證明了哥白尼的學說。

不過，也是因為這本書的出版，這一年的 10 月，宗教裁判所下令傳訊伽利略。而此時的伽利略已年近七旬，正臥病在床。

儘管當時有幾位數學家和後來的教皇烏爾本八世承認他有道理，但還是開庭審判。審訊持續 3 個多月，伽利略拒絕認罪。

為了迫使伽利略屈服，法庭對他施行了「不眠」的嚴酷刑訊，審訊整整持續了 50 個小時。為了嚇唬他，劊子手還搬出一件件刑具，告訴他受刑時的可怕慘狀。

最終，教會判定伽利略宣傳了「異端邪說」。他的著作也被列為禁書。《對話》一書出版僅僅 4 個月後就被禁止發行。

1633 年，被教會折磨得筋疲力盡的伽利略被迫在悔過書上簽字放棄日心說，他在簽字的時候仍在唸著：「可是，地球還在轉動啊！」

從此，伽利略遭到了長達 7 年的軟禁，最後在折磨中死去。直到 300 多年後的 1979 年 11 月，羅馬教皇才在公共集會上承認，伽利略在 1633 年受到的教廷審判是不公正的。

但是，伽利略的天才發現使人們對宇宙認識的範圍擴大了。

英國著名的物理學家牛頓在開普勒的理論基礎上，總結出了「萬有引力定律」，從理論上闡明瞭行星運動的規律，從而為回歸哥白尼的日心說體系提供了堅實的力學理論依據。

正是因為有了太陽的引力，行星才不會飛離出去。行星的運動速度和太陽引力的相互作用，使各個行星繞著太陽作橢圓形的軌道運動；而行星與行星之間也彼此吸引，這種引力使行星運動產生了微小的位置偏移。

正是由於這麼多科學家奮不顧身地研究和宣傳，使得真理終於撥開了迷霧，科學戰勝了愚昧。而這一切，都是屬於哥白尼的榮耀，是他勇敢地為後人留下了這部科學的鉅著。

那麼，屬於哥白尼的榮譽，什麼時候才能真正給他呢？

 晚年的成就

遲來的榮譽

烏雲遮不住太陽，真理的光芒最終都會透過謬誤的陰雲照耀在波蘭大地上。由於一代又一代科學家的努力，籠罩在哥白尼學說上的迷霧終於被撥開了。

有許多人對哥白尼的理論表示了贊同和擁護，雖然有些人迫於壓力，只是委婉地表達出贊同的意思。

德國威丁堡大學的數學系教授萊茵霍德，就在《天體運行論》發表後的第八年公布了一組根據哥白尼的理論計算出來的星表《普魯士表》。這個星表受到了普遍應用，流行了 80 年之久。

1556 年，約克夏的費爾特教授編制了一份天文曆書，並公然宣稱：「在編制這本曆書的過程中，我遵循了尼古拉·哥白尼和埃萊斯姆·萊因霍德等權威的教導。他們的著作早已被公認了，而且是建立在真實、可靠和可信的論證基礎上的。」

1556 年，英國教育學家列科德寫的《知識的宮殿》和 1600 年英國物理學家吉爾伯特寫的《論磁石》等著作，都明確而熱情地支持哥白尼的太陽中心說。

1576 年，英國人托馬斯·迪格斯在他編著的一本新曆書中，除了宣揚哥白尼的「太陽中心說」以外，還進一步提出了「恆星天層向著無限遠處擴展」的新見解。

在瓦爾米亞，經過幾任主教的更換，地球似乎也在神不知鬼不覺地旋轉著。

哥白尼的學說由被否定、遺忘漸漸變為被傳播、被世人承認了。

尤其是馬爾青・克羅默就任主教以來，更形成了一種有利於哥白尼的氛圍。1581 年，克羅默主教出資在弗龍堡大教堂為哥白尼建造了一塊紀念牌。

哥白尼學說的首批信仰者不時地到弗龍堡參觀和憑弔，從而引起了弗龍堡神甫會成員對這位早已去世的神甫的懷念和崇敬。

1822 年 9 月 25 日，也就是 300 年以後，教皇庇護十世批准並頒布了撤銷禁書的教令，其中有這樣的話：「那些討論地球運轉和太陽靜止不動的著作，根據目前天文學家們的一致意見，準予印行。」

18 世紀末，波蘭喪失了獨立以後，哥白尼成了知識界愛國學者的象徵，人們將他作為偉大的波蘭人給予紀念。

科學家們紛紛組隊到瓦爾米亞收集哥白尼的文物。1802 年 8 月 12 日，華沙科學之友協會的兩名成員塔德烏什・查茨基和馬爾青・莫爾斯基第二次進行科學考察。

1796 年，法國皇帝拿破崙在托倫逗留期間，曾親自到哥白

尼的出生地參觀，還要求市議會修復儲存下來的哥白尼的文物。

波蘭學者、傑出的政治活動家、教士斯坦尼斯瓦夫·斯塔希茨曾上書華沙王國，請求在托倫為哥白尼建造一座紀念像。

議會批准了這項動議，還收集了資金，舉行了隆重的奠基儀式。但因維也納會議之後，托倫城已淪為普魯士管轄，所以紀念碑一時沒有豎立起來。

然而，斯坦尼斯瓦夫·斯塔希茨並未放棄自己的主張。1830 年，波蘭人民在華沙斯塔希茨廣場上終於豎起了哥白尼的紀念像。

在揭幕典禮上，波蘭著名詩人尤裡安·烏爾辛·漢姆柴維基高聲朗誦道：「這個喜慶的日子終於來臨了！哥白尼曾以半個世紀的工夫凝眸注視太陽，今天太陽終於把它仁慈的光芒傾注在他的身上……」

1566 年，在瑞士和巴黎進行了《天體運行論》的第二次出版。1617 年，在荷蘭首都阿姆斯特丹，《天體運行論》進行了第三次出版；1854 年，在波蘭華沙進行了歷史上的第四次出版。

1873 年，在哥白尼誕辰 400 週年的時候，波蘭人民在托倫出版了哥白尼的著作。這部著作剔除了原先對哥白尼理論的歪曲和篡改，使這部傑作恢復了本來面貌。

哥白尼的手稿也幾經波折，起初為雷蒂克所有，雷蒂克死

後幾次易手，最後落入布拉格的一家圖書館。

1953年，這部書稿歸回波蘭，目前收藏在雅蓋隆圖書館裡。

這正說明生活的磨石，可以使高山變為溝壑，可以改朝換代，但是真理的光輝卻永不熄滅。

哥白尼是一位劃時代的天文學家，這是毫無疑義的。但是哥白尼學說的建立，也並不是對宇宙的最終認識，而只是近代天文學的開端。

在那黑暗的歐洲中世紀，教會統治著一切，人們不僅不敢反抗，甚至連懷疑一下上帝都沒有膽量。那時候的所謂自然科學研究無非是給上帝的存在尋找證據，為《聖經》增添註釋。

哥白尼是漫漫長夜中的一道閃光，照亮了科學發展的征程。哥白尼的理論不僅批判了天文學上托勒密的錯誤觀點，更重要的是，向教會發起挑戰，推翻了上帝創造宇宙、創造地球的謬論。

哥白尼的學說扯斷了神學捆綁在科學身上的繩索。從此，科學家們只相信自己的兩眼、雙手和大腦，只相信事實和邏輯，只相信無可辯駁的真理。

作為近代自然科學的奠基人，哥白尼的歷史功績是偉大的。確認地球不是宇宙的中心，而是行星之一，從而掀起了一場天文學上根本性的革命，是人類探求客觀真理道路上的里程碑。

 晚年的成就

　　哥白尼的偉大成就，不僅鋪平了通向近代天文學的道路，而且開創了整個自然界科學向前邁進的新時代。從哥白尼時代起，脫離教會束縛的自然科學和哲學開始獲得飛躍的發展。

附錄

　　勇氣是人類最重要的一種特質，倘若有了勇氣，人類其他的特質自然也就具備了。

—— 哥白尼

經典故事

▍哥白尼為平民義診

　　哥白尼多才多藝，曾在波蘭克拉科夫大學和義大利帕多瓦大學學醫，醫術精湛。後來，他雖然沒有專門從事醫療工作，但經常在閒暇時間為周圍的平民治病。

　　有一天，在弗龍堡附近居住的一個農民彼得騎馬摔傷，他聽說新來的行政長官哥白尼經常給人治病，就抱著一線希望找哥白尼治病。

　　「請問，哥白尼大人在嗎？」彼得小心翼翼的問哥白尼的門衛。

　　「哼！又是來看病的吧？哥白尼大人不在，你到別處看病吧。」門衛不耐煩地說道。

　　彼得知道「閻王好見，小鬼難纏。」的道理，所以，他口裡唯唯諾諾，卻懷疑門衛在敷衍他。他站在離門房不遠的牆角裡不時向門內張望。這一天，哥白尼處理完公務，決定到教堂的塔樓上觀測天象。

　　「大人，您是哥白尼大人嗎？」彼得看見從大門裡走出來的哥白尼，慌忙湊上前問道。

　　「哦，你一定有什麼事找我吧？你叫什麼名字？」

「是的，大人，我叫彼得，我前兩天從馬上摔了下來，我想請求大人……」彼得的話音開始變得吞吞吐吐，他不好意思說出讓哥白尼治病的話。

哥白尼已經明白了彼得的來意，就對門衛說：「把彼得領到我的接待室去。」說完，哥白尼轉身回去了。

「給我介紹一下你的病情吧。」哥白尼對走進接待室的彼得說。

「是的，大人。」彼得接著說：「剛從馬上摔下來的時候，我沒感覺到有什麼不適，可是現在說話、吃飯、扭動身體的時候，脅肋就疼得要命，甚至呼吸都疼，大人。」

哥白尼讓彼得躺在床上，給他仔細檢查了兩處脅肋後，對彼得說：「你左側肋骨已經骨折 4 根，所以你才有現在疼痛的感覺。」

「原來是這樣！天主啊，我拿什麼去治病。」彼得知道自己拿不出錢來治病。哥白尼說：「好了，彼得，我負責治好你的病，免除所有費用。」

「大人，您果真和鄉親們說的一樣，是天主派來拯救我們的。」彼得激動地說。

「彼得，現在十字軍準備占領弗龍堡，奴役這裡的人民。你回去後動員鄉親們，我們共同保衛弗龍堡。」

「大人，大家恨透了那幫強盜，我一定辦到。」彼得說。

哥白尼平易近人，免費為鄉親們診治病痛，贏得了大家的信賴。在大家的支持下，哥白尼贏得了弗龍堡戰役的勝利，避免了十字軍對弗龍堡地區的掠奪與奴役，維護了波蘭的統一。

▌哥白尼與安娜的故事

哥白尼是個虔誠的天主教徒。他在波蘭瓦爾米亞教區作神甫期間，他每天只有兩件事，一件是履行教職，另一件是寫《天體運行論》。

1525 年，哥白尼受命調查貨幣改革情況。他藉此機會回到了離別多年的家鄉 —— 托倫。哥白尼非常喜歡山清水秀的托倫小鎮，如果不是父母雙亡，他未必會離開自己的家鄉……哥白尼偶爾想起這些往事，就會產生無依無靠、無妻無子、人生悽楚的感覺。好在他的心靈已經皈依了天主，他的全部熱情都發揮在天文學上，使他在幾十年人生歷程中，很少想起這些缺憾。

居住中托倫的學者、雕刻家希林是哥白尼兒時的夥伴，他們一直用通訊保持著友誼。哥白尼這次回來自然是希林家的常客，他們在一起經常討論文學、歷史、天文和藝術等問題，希林的女兒安娜是他們忠實的聽眾。慢慢地，安娜被哥白尼淵博的學識迷住了，尤其哥白尼對天文學執著追求，使安娜欽佩不已。

「哥白尼先生，我陪您到河邊散步去好嗎？」在一個陽光明媚的早晨，安娜邀請哥白尼說。

哥白尼謙虛地說：「哦，好的，安娜，謝謝你！」

安娜抿嘴一笑說：「不必怎麼客氣。」

他們沿著鄉間小路向河邊漫步，哥白尼小時候幾乎每天都到河邊玩耍，他還是在這條河裡學會游泳的呢。「哥白尼先生，您為什麼對天文學那麼感興趣呢？」安娜的問話聲打斷了哥白尼對童年的回憶。

「哦，對未知世界的探索應該是人類的天性，我只不過更專注一些罷了。」哥白尼謙虛地回答。

安娜接著問道：「也許是，我對天文學也很感興趣。還有，哥白尼先生，您為什麼不結婚呢？不需要有人照顧您嗎？」

「神甫是不應該結婚的。」哥白尼回答說。

安娜說：「可是有很多神甫都娶妻生子啊。」

「……」

「哥白尼先生，我到您身邊照顧您可以嗎？」安娜鼓起勇氣說。

「那怎麼可以呢，你怎麼年輕！而我已經老了。」

「歲數怎能成為感情的障礙呢！」

附錄

「可是你對我並不了解啊。」

「父親經常和我談起你，所以，我對您的為人和您所追求的事業早就耳熟能詳了。」安娜有些羞澀的回答。

哥白尼被安娜真摯熱烈愛情征服了，他對眼前突如其來的愛情又驚又喜，不亞於發現了一顆超新星。在以後近 10 年的幸福婚姻生活中，哥白尼的超人智慧和創造力被充分發揮出來，他完成了《天體運行論》的大部分天文觀測和理論工作。

天有不測風雲，人有旦夕禍福。而更可悲的是，哥白尼終身信仰的宗教奪走了他的幸福。當地新任主教對哥白尼的日心說非常不滿，但又無法阻止。所以，新任主教一夥人說哥白尼作為神甫不應結婚，又汙衊安娜是邪惡的化身，附在哥白尼身上。最後，他們甚至勒令安娜離開哥白尼。

哥白尼氣憤之極，他對安娜說：「我脫下這身道袍還俗，看他們還怎麼威脅我們！」

安娜平靜地說：「我預料會發生這種事情，如果你還俗，就中了他們的圈套，你就無法完成你的《天體運行論》了。我走就是了，請你無論如何給《天體運行論》畫上句號，不然，你我的靈魂都不會得到安寧！」

哥白尼在愛情和事業兩者中，毅然選擇了後者。人們在閱

讀震古爍今的《天體運行論》並從中受益時，很少有人談起哥白尼為之付出的犧牲。

哥白尼堅持真理

哥白尼少年時代的思維方式和行為方式就與眾不同，他對自然現象以及人類生存法則不拘泥於陳詞濫調，有自己的思考和探索。

有一次，哥白尼和同學們的討論中，在各種觀念上又形成了的鮮明對立。哥白尼說：「只要不斷探索大自然，就會有新的發現。」

其中一個同學說：「探索什麼？上帝早就安排好了。整個宇宙，包括太陽、月亮和星星都是為地球服務的，所以才有白晝和黑夜，才有四季輪迴。這都是上帝給人類的恩惠，是天命。」

哥白尼當即反問道：「那些被大水沖走的人、那些在火災中喪命的人和那些在各種災難中失去性命的人也都是上帝的安排嗎？」

那個同學得意地說：「是啊！那些人都是惡人，所以上帝才懲罰他們。」很多同學都迎合那個同學的論調，紛紛說此事早有定論。

哥白尼回敬道：「在大船沉沒，還有全村人死於瘟疫等災難

265

中喪命的人都是惡人嗎？持天命的人雖然占多數，但多數並不
等於真理！」

哥白尼沒有放棄真理，終於完成了他的影響世界歷史程式
的鴻篇鉅著《天體運行論》。

年譜

- 1473 年 2 月 19 日，哥白尼出生於波蘭托倫城。
- 1478 年接受家庭教師的啟蒙教育。
- 1483 年父親母親相繼去世。舅舅烏卡什·瓦茲羅德把哥白尼
  和哥哥安傑伊接到身邊。哥白尼入海烏姆諾學校讀書。
- 1489 年結識義大利著名人文主義者、革命詩人卡利瑪和。
- 1491 年進入首都克拉科夫大學學習教會法和醫學，從此對天
  文產生強烈興趣，對托勒密理論產生懷疑，思索建立新的宇
  宙理論體系問題。
- 1493 年與沃伊切赫教授觀測了兩次月食、一次日食。
- 1494 年沃伊切赫教授和卡利瑪和主持哥白尼的「畢業答辯」。
- 1495 年結束克拉科夫大學的學業，回到瓦爾米亞做主教
  助手。

- 1496 年夏天離開波蘭到義大利留學。秋天時在著名的波隆那大學學習教會法。結識著名天文家諾瓦拉教授。

- 1497 年當選弗龍堡神甫。3 月 9 日和諾瓦拉教授觀測月球遮掩金牛座現象。

- 1500 年 1 月 9 日，觀測土星。在羅馬大學舉行天文學和數學的公開講座。

- 1501 年 7 月，和哥哥安傑伊回到波蘭。秋天，到帕多瓦大學報到攻讀醫學。已經大致形成日心說體系的輪廓。

- 1503 年年初，轉入費拉拉大學。5 月，在費拉拉大學被授予教會法博士。秋天，回到波蘭。留在舅舅瓦茲羅德身邊，擔任主教的保健醫生、祕書和助手。

- 1507 年 4 月，正式著手撰寫天文學論文《淺說關於天體運動的假設》，簡稱《淺說》。

- 1509 年 6 月 2 日，觀測日食。出版翻譯著作《道德、田園與愛情信札》。

- 1510 年搬到弗龍堡長住，把教堂的塔樓改為觀測臺，從此開始了 30 年如一日的天文觀測活動。11 月，當選弗龍堡神甫會行政主管。年底，完成第一篇天文學論文《淺說》。日心說體系初步形成。

- 1511 年到奧爾什丁堡莊園視察。

- 1515 年開始撰寫鉅著《天體運行論》。
- 1517 年 8 月，寫出《深思熟慮》的貨幣論文提綱。
- 1519 年提出「劣幣驅逐真幣定律」。工作出色，被推選為神甫會行政主管。
- 1521 年在十字軍騎士團和弗龍堡軍民的戰爭中，統率有功，被譽為「戰鬥英雄」。
- 1522 年處理一系列神甫會行政主管工作。
- 1531 年安娜擔任哥白尼的管家，開始和哥白尼共同生活。
- 1533 年完成《天體運行論》寫作。開始對手稿進行修改。
- 1537 年安娜被迫與哥白尼分離。
- 1539 年 5 月，青年學者雷蒂克來到弗龍堡拜哥白尼為師。
- 1540 年雷蒂克寫成並出版介紹日心說的《初講》。哥白尼最後一次對手稿修改並定稿。
- 1542 年雷蒂克把《天體運行論》出版權委託給新教徒奧塞安德爾。
- 1543 年 5 月，《天體運行論》印刷完畢，開始公開發行。
- 1543 年 5 月 24 日，哥白尼死於腦出血，享年 70 歲，安葬在弗龍堡。

名言

- 勇敢是人類美德的高峰。

- 人的勇氣能承擔一切重負。

- 人的天職在勇於探索真理。

- 勇氣是衡量靈魂大小的標準。

- 失去勇氣的人，生命已死了一半。

- 勇敢是智慧和一定程度教養的必然結果。

- 要自由，才能得幸福。要勇敢，才能有自由。

- 倘若失去了勇敢，你的生命等於交給了敵人。

- 在全部的美德之中，最強大、最慷慨、最自豪的，是真正的勇敢。

- 勇氣很有理由被當做人類德性之首，因為這種德性保證了所有其餘德性。

- 由大智中產生大勇，由理解中加強信心，是最堅毅的大勇與最堅強的信心。

- 崇拜勇氣、堅忍和信心，因為它們一直助我應付我在塵世生活中所遇到的困境。

- 大海越是布滿暗礁，越是以險惡出名，我越覺得透過重重危難尋求不朽是一件賞心樂事。

- 應當驚恐的時刻，是在不幸還能彌補之時。在它們不能完全彌補時，就應以勇氣面對它們。

- 幸福的對抗不論它是如何的艱難，它並不是一種痛苦，而是快樂，不是悲劇的，而只是喜劇的。

- 做事，不止是人家要我做才做，而是人家沒要我做也爭著去做。這樣，才做得有趣味，也就會有收穫。

- 為了人類望著天空不感到害怕，我要一輩子研究它。

- 青春應該是一頭機智的獅，一團智慧的火！機智的獅，為理性的美而吼；智慧的火，為理想的美而燃燒。

- 我們必須睜開雙眼，面對事實。

- 在許多問題上我的說法跟前人大不相同，但是我的知識得歸功於他們，也得歸功於那些最先為這門學說開闢道路的人。

- 我愈是在自己的工作中尋求幫助，就愈是把時間花在那些創立這門學科的人身上。我願意把我的發現和他們的發現結成一個整體。

- 國民的感情中最難克服的要數驕傲了，隨你如何把它改頭換面，與之抗爭，使之敗陣，撲而滅之，羞而辱之，它還會探出頭來顯示自己。

電子書購買

爽讀 APP

國家圖書館出版品預行編目資料

哥白尼，遠超時代的思想家：當革命性的天體
運行論遇上文藝復興時期的思想風暴 / 陳劭芝，
余海文 編著 . -- 第一版 . -- 臺北市：崧燁文化事
業有限公司，2024.04
面；　公分
POD 版
ISBN 978-626-394-117-5(平裝)
1.CST: 哥白尼 (Copernicus, Nicolaus, 1473-
1543) 2.CST: 傳記 3.CST: 波蘭
784.448　113002970

哥白尼，遠超時代的思想家：當革命性的天體運行論遇上文藝復興時期的思想風暴

臉書

編　　著：陳劭芝，余海文
發 行 人：黃振庭
出 版 者：崧燁文化事業有限公司
發 行 者：崧燁文化事業有限公司
E - m a i l：sonbookservice@gmail.com
粉 絲 頁：https://www.facebook.com/sonbookss/
網　　址：https://sonbook.net/
地　　址：台北市中正區重慶南路一段六十一號八樓 815 室
Rm. 815, 8F., No.61, Sec. 1, Chongqing S. Rd., Zhongzheng Dist., Taipei City 100, Taiwan
電　　話：(02) 2370-3310　　傳　　真：(02) 2388-1990
印　　刷：京峯數位服務有限公司
律師顧問：廣華律師事務所 張珮琦律師

-版權聲明

定　　價：375 元
發行日期：2024 年 04 月第一版
◎本書以 POD 印製
Design Assets from Freepik.com